LE DERNIER MANDCHOU

DU MÊME AUTEUR

Chasses aux trésors. Au-delà des légendes, Paris, Plon, 2008.
Enfants de dictateurs (avec Claude Quétel), Paris, First, 2014 ; Le livre de poche, 2015.
La Mort d'Hitler (avec Lana Parshina), Paris, Fayard, 2018, « Pluriel », 2019.
Le Livre d'or d'Hitler, Paris, Fayard, 2021.

Jean-Christophe Brisard

Le dernier Mandchou

Récit

Fayard

En couverture : Wang Tifu, photographie de son dossier
de la justice militaire soviétique,
Archives militaires de la fédération de Russie,
RGVA, Moscou © Brisard /Parshina.

Couverture : Le petit atelier

ISBN : 978-2-213-71837-8

Dépôt légal : janvier 2022.

« Il faut raconter la fascinante histoire de ce héros aux nouvelles générations. Surtout à celles qui nient l'Holocauste. »

Itzhak Shelef
(ancien ambassadeur israélien en Chine), 29 juillet 2020.

Préface

Sa première réaction fut la surprise. Le vice-directeur des archives militaires de la fédération de Russie (RGVA) s'appelle Vladimir Ivanovitch Korotaev. Le sévère fonctionnaire russe travaille depuis trop longtemps parmi les dossiers de victimes du Goulag pour s'étonner et s'émouvoir facilement. Et pourtant… À ma demande, ses équipes avaient passé plusieurs jours à rechercher les rapports de la justice militaire soviétique concernant un prisonnier un peu spécial, un diplomate du nom de Wang Tifu. Des documents vieux de plus de soixante-dix ans et toujours non déclassifiés. Il m'a demandé d'attendre deux mois. « Revenez me voir à la fin de l'été. » J'ai patienté.

Le jour dit, je me tiens debout face à lui. Vladimir Korotaev parcourt le dossier du prisonnier Wang. Je sens qu'il a du mal à le quitter des yeux, qu'il souhaiterait le garder pour lui, comme s'il se refusait à en partager la teneur. Soudain il parle vite, sans lever la tête, le ton las, à la limite de l'audible. À plusieurs reprises, il répète que l'histoire de cet homme sort de l'ordinaire, qu'il en ignorait l'existence, il énumère des dates, celles de son arrestation, de sa condamnation, ses différents séjours dans des camps, en Sibérie, au Kazakhstan. Il lève un sourcil, s'arrête une poignée de secondes, « ça, je ne peux pas vous le laisser, classé confidentiel ». Il extirpe une page, la range dans un tiroir et reprend sa litanie, puis, d'un geste sec, referme le fascicule et le jette négligemment sur son bureau. Il est à moi. Pour quelques instants, juste le temps de le parcourir et de prendre des photos. « Savez-vous combien de personnes l'ont consulté ? » Vladimir Korotaev ne me laisse pas le temps de répondre. « Regardez, c'est écrit ici, juste là... Date, nom, pays, profession et signature des personnes qui ont examiné ces archives avant vous. La page est vierge, vide, pas une seule écriture. » Le dossier de Wang Tifu date du 25 février 1949 et nous sommes les premiers à sortir des limbes de l'histoire ce témoin exceptionnel d'un siècle de guerres et de dictatures parmi les plus violentes de l'histoire.

Longtemps j'ai cru que cet homme relevait de la légende. Wang Tifu a pourtant bel et bien existé.

Militant de la République chinoise de Sun Yat-sen, puis diplomate au service de l'empire du Mandchoukouo, cet État fantoche créé de toutes pièces par le Japon, il est envoyé à Berlin en 1938 comme secrétaire d'ambassade. Durant sa mission, s'il s'entretient personnellement avec Hitler, il fournit dans le même temps des milliers de visas à des Juifs allemands. De retour en Mandchourie, il fait partie des proches collaborateurs de l'empereur Puyi avant de devenir un fonctionnaire zélé au service de l'armée d'occupation soviétique en Chine. Cet homme a lutté avec une force prodigieuse pour survivre aux régimes totalitaires qui tentaient de l'écraser. Ce pragmatisme lui coûtera cher. Des décennies dans les camps du Goulag puis de la Chine maoïste.

Pendant les dernières années de sa vie, le vieil homme n'a cessé de tenter de réhabiliter son passé auprès de ses contemporains et du régime. Rien n'y a fait. Même un demi-siècle après la fin de la Seconde Guerre mondiale, les médias chinois ont continué de le considérer comme un traître. J'ai lu ces articles et ces livres publiés de son vivant, dans une Chine des années 1980-1990 encore très imprégnée d'un maoïsme orthodoxe. Je pense notamment aux *Mémoires de Wang Tifu*, de toute évidence réécrits par la censure. Ce qui m'a le plus surpris, ce fut le style. Nombre de ces textes étaient rédigés à la première personne. L'ancien diplomate s'adressait directement au lecteur comme on le fait pour se confesser, d'une manière intime, sans fard. C'est tout naturellement que j'ai souhaité conserver ce ton et cet usage du « je » pour qu'à votre tour vous puissiez entendre sa voix. Mais que le lecteur ne se méprenne pas, si je me suis permis cette liberté narrative et que, malheureusement, il n'existe pas à ma connaissance d'enregistrement audio de Wang Tifu, tout ce qui suit n'en demeure pas moins authentique. Tous les personnages cités ont existé et les faits relatés se veulent être au plus proche de la réalité historique.

Comme dans un «*cold case*», je me suis efforcé de réunir un maximum de pièces d'archives pour mieux démêler le vrai du faux. Ces documents viennent de Chine, mais aussi des archives militaires russes à Moscou, des archives allemandes, du centre de documentations de Yad Vashem à Jérusalem et de dizaines de mémoires de diplomates présents à Berlin pendant la guerre.

Harbin, nord de la Chine
30 juillet 2001

Y avait-il des fleurs ? À vrai dire, l'ambassadeur ne se souvient plus. Il est facile de les imaginer disposées avec soin sur le palier. Des corbeilles de camélias sur le rebord de la fenêtre ? Si c'était le cas, elles avaient forcément une piètre allure, ces fleurs. Les températures grimpent vite en plein été en Mandchourie. À moins que quelqu'un, un voisin, un proche, ait pris soin de les arroser. Ou bien alors il n'y avait aucune fleur, plus une, les services de propreté de la ville s'en étaient chargés, hop, dans la benne à ordures.

Cela remontait déjà à dix-sept jours…

Peut-être même que la presse locale s'en était fait l'écho. Un entrefilet, une brève.

L'ambassadeur israélien Itzhak Shelef ne lisait pas les journaux régionaux. Du moins pas ceux de Harbin, cette capitale triste de la lointaine province du Heilongjiang, tout au nord de la Chine. Alors, forcément, il ne pouvait pas être au courant de ce qui s'était passé dix-sept jours plus tôt. Ni lui ni aucun membre de ses services à l'ambassade d'Israël à Pékin. En revanche, ce qu'il avait appris, c'est qu'il existait un sauveur de Juifs à Harbin. Une histoire ancienne qui remontait à la Seconde Guerre mondiale, une de ces histoires dont on fait des livres, des romans, des films. Tellement incroyable qu'elle en devenait suspecte. Car il n'était pas question ici d'un héros à la sauvette, d'un type qui aurait simplement planqué quelques Juifs pendant la guerre. Non, on touchait à l'exceptionnel, au remarquable. Combien ? Oui, combien en aurait-il sauvés ? Selon les premières informations disponibles, on parle de milliers, peut-être dix mille, au minimum, un peu plus certainement. Et pas en Chine, mais bien en Allemagne, dans la capitale du Reich, entre 1939 et 1940.

Il s'appelle Wang Tifu. L'homme serait vivant, âgé, usé mais vivant. Le 29 juin dernier, il a fêté ses quatre-vingt-dix ans. D'ailleurs, tout le quartier s'est cotisé pour lui offrir des fleurs.

Bien sûr, à l'ambassade d'Israël, les services compétents avaient vérifié. Surtout ne pas s'enflammer, recouper les informations, multiplier les sources. La tâche s'était révélée aisée ; le Centre de recherche juif de Harbin avait déjà rédigé tout un dossier, réuni des témoignages complets et circonstanciés. Cet organisme est dirigé par des gens sérieux, des chercheurs chinois respectables, tant et si bien que, quand ils l'ont informé, Itzhak Shelef a prêté une oreille attentive. Le déroulé de la vie de cet homme l'a laissé sans voix. Au début des années 1930, Wang Tifu est encore étudiant lorsque les Japonais, qui viennent d'envahir la Chine, le capturent. Ils l'obligent à devenir leur espion, et il est envoyé comme diplomate en Allemagne. Il déjeune avec Hitler, négocie avec Ribbentrop et sauve des milliers de Juifs en leur distribuant des visas. La fin de la guerre signe sa chute. Dix années dans les pires colonies du Goulag en Union soviétique auxquelles s'ajoutent plus de vingt années de camps de rééducation politique en Chine. Le Japon impérial, l'Allemagne nationale-socialiste, l'URSS de Staline et pour finir la Chine maoïste, cet homme, comme une poupée de chiffon, a été ballotté d'une dictature à une autre pendant près d'un siècle. Tant d'autres auraient succombé, mais pas lui. Lui, il a tenu bon.

Le véhicule de la légation israélienne a certainement peiné à se faufiler dans les ruelles étroites des quartiers crasseux de Harbin. Il a fallu demander son chemin aux passants. Certains ont donné de mauvaises indications, des Wang, ça ne manque pas dans le coin, comme partout en Chine. Wang, c'est un peu le Dupont, le Martin des patronymes chinois. En plus sophistiqué tout de même. Wang, en chinois, ça peut aussi se traduire par roi, prince, monarque. Finalement, l'ambassadeur a trouvé la bonne adresse. Il s'est arrêté devant le domicile, une petite maison de briques grises entourée de ces restaurants de rue aux tables recouvertes de nappes plastifiées. Itzhak Shelef n'y a sûrement pas prêté attention. En ce 30 juillet 2001, il s'apprête à s'entretenir avec ce sauveur de Juifs. Wang Tifu espérait cette visite depuis si longtemps.

Les membres du Centre de recherche juif de Harbin avaient effectué une enquête minutieuse. Pendant plusieurs jours, ils avaient interrogé cet homme, tout enregistré sur des cassettes, vérifié la véracité de ses déclarations, rencontré des spécialistes, des journalistes qui connaissaient bien son histoire... Mais, comme cela ne suffisait pas, ils se sont tournés vers les archives du Goulag à Moscou et ont retrouvé son dossier. Ce n'est qu'après des mois de labeur qu'ils se sont montrés satisfaits du résultat et ont tenté de convaincre l'ambassadeur. Dépêchez-vous, lui ont-ils répété, il n'attend que cela, vous raconter, Berlin, les visas, tant de vies sauvées... Tout est consigné dans le rapport, lisez-le bien avant de le rencontrer, son histoire en vaut la peine.

1.

Enregistrement Wang Tifu, cassette n° 1, février 2001

Rapport d'enquête sur l'ancien diplomate du Mandchoukouo Wang Tifu

Avant de commencer, laissez-moi me présenter. Je m'appelle Wang Tifu. Je vais fêter cette année mon quatre-vingt-dixième anniversaire. Je suis né dans le nord-est de la Chine, dans une province au nom difficile à prononcer pour un non-Chinois, le Heilongjiang. En mandarin, cela signifie « Rivière du dragon noir ». C'est aussi le nom du fleuve qui sépare la Chine de l'Empire russe. Les Occidentaux l'appellent Amour, le fleuve Amour. Quand je dis les Occidentaux, je pense aux Soviétiques. Enfin aux Russes. Les années ont beau avoir passé, je ne parviens pas à m'y faire. Je suis trop vieux pour changer mes habitudes. Je continue de parler des Soviétiques et de l'URSS même si je sais bien que le régime rouge s'est effondré il y a presque dix ans. Je l'ai vue naître et disparaître, cette Union soviétique. J'avais sept ans quand mon père a prévenu toute la famille qu'un grand malheur était arrivé chez les Russes, l'empire à l'aigle bicéphale n'existait plus. À quelques années d'intervalle, le tsar et sa famille subissaient une tragédie identique à celle des Qing, la dynastie impériale chinoise. Fin 1911, Sun Yat-sen avait proclamé officiellement la création de la république en Chine. Moi, je suis né au début de l'été 1911. Théoriquement, je suis donc un enfant de l'empire, celui des Qing. J'y tiens, à ce détail. Pourquoi ? Mais parce que les Qing étaient originaires de Mandchourie. Tout comme moi.

L'ensemble du nord-est de la Chine est composé d'un vaste territoire qui s'appelait jadis la Mandchourie. Les Mandchous étaient des guerriers nomades, de grands conquérants. Un peu comme les Mongols. Mes ancêtres ont conquis la Chine au XVIIe siècle et en ont été les maîtres pendant plus de deux cent cinquante ans. Le dernier empereur Qing s'appelait Puyi. Un quasi-dieu qui n'était encore qu'un enfant de six ans quand la révolution républicaine l'a forcé à abdiquer.

En 1932, ma vie a basculé. J'habitais Harbin depuis près de dix ans. La capitale du Heilongjiang n'avait rien à voir alors avec ce qu'elle est aujourd'hui. Pas de gratte-ciel de verre et de béton, ni d'usines à charbon qui rendent l'air irrespirable. La ville n'avait été fondée que quelques décennies plus tôt par des marchands russes. La promesse d'accéder aux richesses du marché chinois les avait convaincus de traverser le fleuve et de créer un avant-poste commercial dans cette Mandchourie encore sauvage. L'arrivée du Transsibérien puis celle du Transmandchourien leur donnèrent raison. En quelques années, les hameaux peuplés de fermiers pouilleux se transformèrent en une métropole vigoureuse et polyglotte. Un petit New York d'Extrême-Orient. Ou plutôt un petit Moscou. En 1917, Harbin comptait déjà 100 000 habitants dont 40 000 Russes, mais aussi des Coréens, des Japonais et plusieurs milliers de Juifs. Ces derniers adoraient notre cité. Ici, au moins, les pogroms restaient rares, pas comme en Russie. Je les aimais bien, moi, les Juifs. Ils avaient construit des théâtres et des music-halls dans lesquels se pressait la riche bourgeoisie locale. Tout changea avec la Révolution russe. L'équilibre se brisa. La victoire définitive de l'Armée rouge contre les partisans du tsar, les Blancs, provoqua un afflux de réfugiés. De 40 000, les Russes passèrent à 120 000. La ville entière parlait russe, vivait russe, mangeait et surtout buvait… russe. Et moi aussi.

Je suis issu d'une famille d'intellectuels et de fermiers prospères. Mon père s'était lancé dans les affaires avec les Russes. Il avait acquis une exploitation forestière et leur vendait du bois qu'il exportait grâce au tout nouveau chemin de fer. Mais il ne connaissait pas leur langue. C'est alors qu'il eut l'idée de m'inscrire dans un collège russophone. Enfant, j'avais déjà prouvé une aptitude certaine dans l'apprentissage de l'anglais et du japonais. Il en fut de même pour le russe. À la plus grande satisfaction de mon père, mes progrès furent rapides. Après le collège, je m'inscrivis à l'université de technologie sino-russe de Harbin. Tous les cours y étaient donnés dans la langue de Tolstoï. Le doyen s'appelait M. Vosov, un Russe blanc qui avait échappé de peu aux massacres. Il nous en parlait souvent et ses récits me déchiraient le cœur, provoquant en moi un profond dégoût pour toute forme de violence.

Et pourtant, cette violence, je m'y trouvais confronté quotidiennement. Depuis la chute de l'empire Qing, le pays sombrait chaque jour un peu plus dans une anarchie endémique. Des seigneurs de guerre chinois avaient progressivement pris le contrôle de provinces entières. Ces hommes sans scrupules répandaient la désolation avec méthode et application. Les habitants fuyaient les routes par où s'écoulaient les bandes armées. Les Chinois n'étaient cependant pas les seuls à nous maltraiter. Le Far West mandchou attirait d'autres brutes, des Russes, dont le tristement célèbre ataman Semenov, un Cosaque à l'équilibre mental instable et d'une cruauté à nulle autre pareille. Mais il existait pire. Pire que les Chinois et les Russes. Il y avait les Japonais. Ceux-là, je les hais ! Plus que quiconque. Ce sont eux qui ont détruit ma vie.

Depuis plusieurs années déjà, les Japonais rêvaient de conquérir la Mandchourie. Nos richesses agricoles et minières ne les laissaient pas indifférents. Le chaos qui régnait alors en Chine leur facilitait grandement la tâche. Ils se décidèrent à entrer en action le 18 septembre 1931. Tout est parti de l'explosion d'une bombe, le fameux incident de Mukden. Un attentat contre des voies de chemin de fer appartenant à une compagnie japonaise. Immédiatement, des terroristes chinois furent accusés. Forcément. Le Japon se devait de réagir pour protéger ses intérêts économiques. Cela signifiait placer sous tutelle toute la région. Une opération de légitime défense, en quelque sorte. Ce conte, personne n'y a cru. L'attentat n'était qu'un complot mené par des agents japonais pour justifier la guerre. La Société des Nations, tout aussi inefficace que cette Organisation des nations unies qui lui a succédé, a roulé des yeux, tapé du poing sur la table et menacé. Le Japon ne pouvait prétendre à aucun droit sur un pays tiers, a-t-elle argué. La Mandchourie appartenait à la Chine. Vœu pieux ! Le conflit armé qui suivit l'invasion japonaise fut aussi rapide que désastreux pour nos troupes. Une humiliation. Avec seulement 15 000 hommes, les Japonais mirent en déroute 250 000 de nos soldats. Le 31 décembre 1931, la Mandchourie était arrachée à la République chinoise. Et cela, je ne pouvais le supporter.

J'ai manifesté avec mes camarades étudiants dans les rues de Harbin, j'ai collecté des dons pour continuer la lutte, j'ai même rencontré notre chef militaire, le général Ma. Un grand homme, un héros, mon modèle. Je possédais une photo où je pose à ses côtés. Il me l'avait dédicacée. À lui seul, ce cliché suffisait pour m'inculper et m'envoyer en prison pour des années, mais, pour mon plus grand malheur, mon dossier comportait des faits bien plus compromettants. Au printemps 1932, la Société des Nations envoya une commission de cinq éminents diplomates pour visiter la Mandchourie occupée et enquêter sur la légitimité de l'agression japonaise. Cette délégation était dirigée par un lord anglais, un certain Victor Lytton, et se composait d'un Allemand, un Italien, un Américain et un Français. L'occasion était trop belle pour que je ne tente pas de leur fournir des preuves des atrocités commises par l'occupant. Je me suis vite rendu compte de l'impossibilité de les approcher ; le service d'ordre japonais les encadrait en permanence. J'ai alors rédigé une longue lettre en anglais qu'il ne me restait plus qu'à remettre à lord Lytton. Déguisé en employé de l'hôtel où la délégation résidait, j'ai déposé mon message dans sa chambre. J'ignorais que les espions japonais surveillaient sa suite. Mon courrier fut immédiatement intercepté. Les représentants de la SDN n'en eurent jamais connaissance. Après tout qu'importe, puisque le travail de Lytton ne devait servir à rien. Quand, quelques semaines plus tard, il conclut à l'illégalité de l'occupation de la Mandchourie, le Japon se contenta de claquer la porte de la Société des Nations et annonça l'indépendance de la Mandchourie sous le nom de Mandchoukouo, l'empire du Mandchoukouo.

Ils m'ont arrêté à la fin du mois d'août 1932. Dans le village de ma famille où je m'étais caché. En pleine nuit. Voilà une dizaine de soldats japonais qui hurlent. Ils m'accusent d'être un meneur, un opposant à l'occupation nippone. Ils ont reçu l'ordre de me placer en détention, sur-le-champ. Je comprends le japonais aussi bien qu'un tokyoïte, mes parents non. La colère des militaires les panique. Je traduis à mon père, lui explique, je suis terrifié, c'est la première fois qu'on braque sur moi un pistolet, comment ne pas craindre pour sa vie dans une telle situation ? Je n'ai alors que vingt et un ans, une épouse et un garçon de deux ans, un destin à écrire.

Il est entré dans ma cellule le troisième jour de ma détention. Un jeune officier. Il m'a raconté qu'il était originaire d'Hokkaido, une grande île à l'extrême-nord du Japon. Le climat froid de Harbin ne l'impressionnait pas. Tout comme moi, il venait de terminer ses études universitaires. Il portait le grade de lieutenant et s'appelait Namora. Il m'interrogea avec déférence. Il voulait tout savoir sur moi. « Votre japonais n'est pas mauvais, je vous en félicite », me dit-il avant de repartir. Le lendemain et les jours qui ont suivi, il m'a questionné sur mes opinions politiques, sur le marxisme, le communisme. Nous avons également joué aux échecs. Je le laissais gagner pour le mettre de bonne humeur.

Un soir, au milieu d'une partie, il m'a confié, sans même me regarder :

— Vous avez participé à des manifestations anti-japonaises. Inutile de nier, nous disposons de preuves photographiques.

Je n'ai pas réagi.

— Vous avez écrit à lord Lytton. Nous le savons aussi.

Encore une fois, je me suis tu.

— Le Mandchoukouo est un État jeune, indépendant. Il a besoin d'hommes de qualité et de conviction comme vous.

Avant de me quitter, il s'est incliné avec respect :

— Maître Wang, prenez le temps de réfléchir. Un avenir brillant vous attend si vous acceptez la main que je vous tends.

Je tiens à préciser que j'ai refusé son offre. Bien sûr !

Je suis un patriote, vous savez. J'aime mon pays, la Mandchourie, enfin je veux dire la Chine. Jamais je n'accepterai de trahir. Il faut me croire.

Le jeune officier japonais, lui, il l'avait compris. Dès lors, il a changé de méthode.

J'avais remarqué que chaque nuit, des soldats arrachaient des prisonniers à leur cellule et les escortaient à l'extérieur de la prison. Ces hommes, on ne les revoyait plus jamais. Je ne doutais pas du sort qu'on leur réservait et l'idée que ma porte s'ouvre à son tour me terrifiait et m'empêchait de dormir. C'est exactement ce qui est arrivé à la mi-décembre, quatre mois après mon arrestation.

Ils m'ont traîné dehors de force, je me débattais, je criais, je tentais de m'agripper au mur, mais je ne voyais rien, mes yeux étaient bandés sous un tissu sombre. Ils m'ont frappé jusqu'à ce que je me calme. Puis on m'a fait monter à l'arrière d'un camion. À côté de moi se trouvaient d'autres détenus, je les entendais se plaindre, pleurnicher, certains priaient.

Leur haleine était âcre, les intestins se vidaient sous l'effet d'une terreur incontrôlée, nos pieds nus tentaient d'éviter l'urine qui se répandait. Le trajet n'a pas duré plus d'une heure. Le visage toujours masqué, nous sommes descendus péniblement, nous heurtant les uns aux autres, trébuchant sur le sol glacé. La férocité des soldats ne me surprenait pas. Ils allaient nous exécuter, je le savais. Je tentais de me préparer à cette terrible épreuve pour mourir avec courage et dignité.

On nous fit avancer à l'aveugle pendant une dizaine de minutes. Nous ne progressions qu'à tâtons, le bras tendu pour tenir l'épaule de celui qui nous précédait. Les rires de nos bourreaux me blessaient, je n'avais encore jamais autant haï un être humain qu'à cet instant. Un ordre bref stoppa notre marche. Je tombai brutalement sur les genoux, une fatigue extrême m'enveloppait, sous mes mains l'herbe se cassait comme du verre filé, la terre dégageait une chaleur presque réconfortante, je ne voulais plus me relever. C'est alors qu'a retenti le premier coup de feu, un claquement sec avalé par la nuit, étonnamment bref, sans le moindre écho. Ils ont retiré mon bandeau pour que je ne manque rien du supplice de mes compagnons. Regarde ce qui t'attend, mendie notre pitié, tremble petit Mandchou, déshonore-toi. Tel était l'objectif de leur mise en scène, à ces salauds. Bang ! un nouveau tir. Dans la nuque. Puis un autre et encore un. Je remarquais que chaque fois le corps du supplicié fléchissait lentement, les jambes cédaient en premier, vidées de toute énergie, puis c'était au tour du buste, des bras, de la tête. Inertes, les membres s'affaissaient dans une chorégraphie ridicule, inesthétique. C'est rapide, me suis-je dit, ça n'a pas l'air douloureux.

Une chose, cependant, me contrariait — plus que contrarié, je dois l'avouer, j'en suffoquais de douleur. Une douleur morale. Je savais que personne ne récupérerait jamais mon corps. Ma famille, mon épouse, mon enfant, aucun ne saurait rien du triste sort que l'envahisseur m'aurait réservé. Mort, cela ils s'en douteraient. Mais comment ? Où ? Pourquoi ? Face à moi languissait avec indifférence la rivière Songhua. J'avais tant aimé y patiner durant les longs hivers de mon enfance. Les soldats japonais démontraient un certain sens pratique. Plutôt que de s'épuiser à creuser un sol gelé, ils avaient pensé à la rivière. Qui irait y chercher nos cadavres captifs des glaces ? J'imaginais mon père si malheureux, j'entendais les lamentations de ma mère, leur fils, qu'on leur rende le corps de leur fils. Peut-être que des larmes ont coulé sur mes joues, je ne sais plus. La tête me tournait, je me sentais las, épuisé. On m'a attrapé par le col. Ils parlaient en japonais avec un accent si prononcé que je ne parvins pas à les comprendre. C'était mon tour. Je me suis levé d'un bond, j'ai respiré profondément et je me suis évanoui.

Un chantage misérable, une mise en scène macabre. Ces monstres ne reculaient devant aucune ignominie. Quand j'ai recouvré mes esprits, je me trouvais de nouveau dans ma cellule, sur ma couche puante. Le lieutenant Namora me regardait avec cet insupportable air de contrition qui ne le quittait jamais.

Avant que je n'émette le moindre son, il s'est crispé, le corps raide, les bras plaqués contre les flancs dans un garde-à-vous solennel. Il a baissé plusieurs fois la tête avec énergie et m'a présenté ses excuses. Une regrettable erreur, une méprise impardonnable, jamais je n'aurais dû subir une telle vexation, m'expliqua-t-il, l'armée japonaise ne me souhaitait aucun mal. D'ailleurs, les fautifs, les responsables de ce dramatique épisode seront punis de la plus sévère des manières. Y ai-je cru ? Non, bien entendu, pas un instant.

Malgré mon jeune âge, je m'y connaissais en rouerie. Pendant des années, j'avais aidé mon père dans ses négociations commerciales avec les Russes. Ce Namora n'obtiendrait rien de moi, je ne marchanderai pas mon honneur à si vil prix. Puisqu'ils voulaient me tuer, qu'ils le fassent, vite, et n'en parlons plus.

Annexe A

Extraits des Mémoires de Wang Tifu, le diplomate fantoche des Mandchous, *publiés par le Comité provincial de la littérature et de l'histoire du Heilongjiang, 1988, p. 13-14.*

« Un capitaine de l'armée japonaise a abaissé son sabre pour donner l'ordre de tirer. Les quatre prisonniers devant moi sont tombés l'un après l'autre dans la rivière gelée.

J'avais tellement peur, j'ai perdu connaissance et me suis effondré sur le sol.

Le capitaine japonais a attrapé sa lampe de poche et l'a braquée sur moi. Il m'a dit :

— Alors Wang, tu as vu ce qui t'attend. Tu dois prendre une décision, sinon, c'est ton tour d'y passer.

Je n'avais plus la force de parler. Je clignais des yeux et secouais la tête, je ne voulais pas mourir. Je sentais qu'il y avait un moyen pour que je m'en sorte.

Il m'a demandé si j'étais d'accord pour collaborer avec eux, si j'acceptais l'offre de Namora. J'ai hoché la tête. Je voulais rester en vie.

Le capitaine a rangé son sabre et a demandé à deux soldats de me traîner jusqu'au véhicule et de m'enfermer dans ma cellule en prison. »

2.

Enregistrement Wang Tifu, cassette nº 2, février 2001

Je sais qu'il existe une autre version de cette histoire, de ce simulacre d'exécution. Dans mes *Mémoires*, ceux publiés en 1988 par le Comité provincial de la littérature et de l'histoire du Heilongjiang, je raconte que j'ai supplié pour que l'on me laisse la vie sauve. Pourquoi une telle différence entre les deux versions ? Je peux l'expliquer facilement. En 1988, les membres de ce comité ont cru satisfaire le parti en me faisant passer pour un pleutre, un être vil, dénué de courage. Je n'avais pas le choix, je devais leur obéir. Comment aurais-je pu m'opposer à eux et à la publication de ce texte ? Il fallait que j'incarne la fourberie de l'ancien régime, de l'empire du Mandchoukouo et des Japonais. Je servais de victime expiatoire. D'ailleurs, c'est toujours le cas aujourd'hui.

Heureusement, les contours de la vérité dessinent une architecture plus complexe. Certes, j'ai collaboré avec les Japonais pour rester en vie, mais avant de me juger, écoutez attentivement. N'a-t-on pas l'habitude de dire que le moine ne peut fuir le temple, qu'il doit en pleine conscience assumer ses responsabilités ? Ce fut mon cas. Toute ma vie. Comme en ce mois de décembre 1932 quand j'ai pu retourner chez mes parents. Libre. Je me moquais du jugement de nos voisins. J'estimais n'avoir trahi personne. Lorsque j'ai quitté la prison, quelques jours après l'épisode de l'exécution nocturne, j'ai été accueilli en héros par mes proches. Ma femme, He Shuyun, m'a préparé une soupe et m'a baigné les pieds dans une grande bassine d'eau chaude. Mon père et ma mère ont rendu hommage à nos ancêtres, persuadés que leurs esprits avaient joué un rôle majeur dans ma libération. Ce n'est que le lendemain, vers dix-sept heures, quand un Japonais s'est présenté en costume civil chez nous, que j'ai compris que le piège se refermait. Il s'appelait Aoki, une petite vingtaine d'années, un visage rond et joufflu sur lequel étincelaient de fines lunettes à la monture dorée. Il travaillait au consulat général du Japon à Harbin. À ma mère qui lui ouvrait la porte, il a expliqué qu'il venait prendre ses premières leçons de chinois avec le grand maître Wang Tifu. Bien entendu, il a dit tout cela en japonais, le corps incliné vers l'avant en signe de respect. Ma mère, ne comprenant pas un mot de sa langue, m'a fait appeler. Elle devait être inquiète. Surtout quand elle a noté la présence dans la rue d'un véhicule de l'armée. Trois militaires japonais patientaient en fumant. L'escorte du jeune Aoki. Le soir même, les rumeurs les plus folles se sont répandues dans tout le quartier. Je m'étais vendu à l'occupant.

Mon épouse m'a rejeté, mon père a craint que cela n'affecte son commerce, ma mère priait pour mon âme. Ils se croyaient tous si vertueux, forts et nobles. Ma propre famille refusait de m'entendre. Je pactisais avec l'ennemi, c'était un fait, mais si je le faisais, n'était-ce pas par sacrifice pour eux ? Si vous pensez que j'ai accepté l'offre des Japonais de gaieté de cœur, vous vous méprenez. Dans ma cellule, Namora m'avait menacé presque à regret, avec une douceur tout amicale. « Les Japonais parlent et lisent bien mal le chinois, m'expliqua-t-il, des erreurs peuvent se répéter dans les arrestations et les mises à mort de Mandchous, comme vous en avez été vous-même témoin. » Selon lui, personne ne se trouvait à l'abri. Personne, pas même les êtres qui m'étaient le plus chers. Je saisissais parfaitement le sens de ses propos. Ce jour-là, j'ai décidé d'assumer mes responsabilités et de me sacrifier pour sauver ma famille. Puisque les Japonais ne comprenaient rien au chinois, j'acceptais de le leur apprendre. Mais rien de plus. « Bien entendu... », m'avait répondu un Namora radieux. Ses yeux brillaient comme du mercure. Il était de ces hommes dont la force intérieure vous empêche de vous endormir sans arrière-pensée.

Aoki progressait rapidement. Son niveau en chinois m'impressionnait. En quelques cours, le jeune homme parvint à soutenir une conversation courante. J'ai commencé à douter de la sincérité de mon élève. Avait-il réellement besoin de mon enseignement ? La réponse ne tarda pas. Un mois seulement après le début de nos leçons, je me rendis à la résidence d'Aoki – pour apaiser ma famille, j'avais obtenu des Japonais de pouvoir donner les leçons chez lui. Dès qu'il me fit entrer, il brandit le journal officiel du nouveau régime projaponais. Je ne l'avais jamais vu si enthousiaste.

— Maître Wang, voilà la solution à tous vos problèmes… Lisez cette annonce. Ici, juste là, regardez !

— « Le Bureau du ministère des Affaires étrangères du Mandchoukouo recrute de nouveaux diplomates… » En quoi cela me concerne-t-il, jeune Aoki ?

— Ne soyez pas faussement modeste, maître Wang. Vous possédez toutes les compétences pour ce type de poste. Diplomate ! Vous seriez parfait !

— Non, ce n'est pas fait pour moi. Oublions ça, voulez-vous, et mettons-nous au travail. Aujourd'hui, un peu de grammaire…

— Vous ne m'avez pas bien compris, maître Wang, reprit Aoki en changeant soudainement de ton et se plantant face à moi les bras croisés. Vous devez tenter votre chance.

— Me donnez-vous un ordre ? lui répondis-je avec mépris.

— Moi, un ordre ?! Maître Wang, je suis votre élève, votre ami, je ne souhaite que votre bonheur. Le mois dernier, vous vous lamentiez en prison, sans avenir, et maintenant vous avez la possibilité de devenir diplomate, de vivre confortablement et de prendre part à l'édification du Mandchoukouo. N'est-ce pas incroyable ?!

— Je ne sais…

— N'oubliez pas pourquoi vous avez pu recouvrer la liberté. Votre situation reste fragile…

Je me suis inscrit pour passer les examens d'entrée dans le corps diplomatique mandchou. Aoki a sauté de joie. Il paraissait sincère. J'ai travaillé dur, révisé mon japonais, repris mes habitudes d'étudiant, bien décidé à remporter ce concours. La sélection se déroulait sur plusieurs jours. Le premier test consistait en une épreuve en chinois. Il fallait rédiger une note de protestation diplomatique auprès de la représentation soviétique de Harbin au sujet de bandes armées russes qui sévissaient le long du chemin de fer du Mandchoukouo. Une fois terminée, nous devions la traduire en russe et la taper à la machine à écrire. Le tout en une demi-heure. Facile. Quand je travaillais avec mon père, j'avais appris le maniement des machines à écrire, je m'en servais pour établir ses contrats. L'épreuve suivante fut encore plus simple, un oral afin de vérifier la qualité de mon russe. L'inspecteur était un Russe blond aux cheveux bouclés, un tsariste échoué à Harbin après la déroute des derniers opposants aux bolcheviks. Pour la dissertation en japonais, il ne restait déjà plus qu'une dizaine de candidats sur la centaine initiale. Pour finir, il fallait subir un interrogatoire mené par des militaires japonais. J'ai joué le jeu jusqu'au bout, j'ai accepté de faire le beau, je voulais les convaincre de me sélectionner.

Ma sœur a été la première à apprendre mon succès. Mon oral avait été brillant, les examinateurs japonais m'avaient même applaudi. Elle tenait à la main le journal du jour dans lequel une brève m'était consacrée. Je ne pouvais m'empêcher de sourire avec fierté, eh oui, une splendide carrière de diplomate débute pour ton grand frère.

— Tu n'as pas osé, dis-moi que tu n'as pas passé ce concours, rugissait-elle en agitant le quotidien sous mon nez.

— Petite sœur, calme-toi, je vais t'expliquer…

Elle ne me laissa pas terminer. Excédée, elle déchira l'article et me le jeta à la figure. Je ne parvenais pas à la calmer. J'avais beau lui répéter de ne pas s'inquiéter, que je restais fidèle à mon pays, elle n'entendait rien. Dans un élan de colère, elle se précipita pour me griffer, c'est à ce moment précis qu'entra Aoki. Il eut la délicatesse d'offrir son plus beau sourire en réponse à l'inconfort de la situation. J'allais pour me confondre en excuses quand il me fit signe de ne surtout rien en faire. Sans dire un mot, il me tendit un billet de train de première classe. Ma sœur leva les yeux au ciel en sifflant avec sarcasme. « Puisque tu voyages en première maintenant, je rends les armes », se moqua-t-elle avant de quitter la pièce. Je n'y prêtais plus attention, je contemplais ce ticket, hypnotisé. De toute mon existence, je n'avais jamais voyagé autrement qu'en troisième classe, celle avec les sièges en bois encombrés de cages à poules, je veux dire de vraies cages avec des poules à l'intérieur. Imaginez l'odeur et les cris des volailles effrayées. Et ces paysannes aux dents gâtées, ces ouvriers suant le mauvais alcool de riz et cherchant querelle à qui les bouscule. Pour la première fois j'allais accéder à un autre monde, celui des puissants, de ceux qui comptent. Deux jours plus tard, mes parents m'ont accompagné sur le quai de la gare. Alors que le train s'élançait lourdement, je restais sur le marchepied de la voiture et continuais à les saluer jusqu'à ce que je ne puisse plus les distinguer parmi la foule de curieux. Je ne parvenais pas à me résoudre à pénétrer à l'intérieur du wagon de première classe. Ce luxe ne matérialisait-il pas le pacte faustien que je venais de signer de mon sang ? Un contrôleur m'invita à fermer la porte et à rejoindre mon siège. Maladroit et intimidé, je m'excusai et m'exécutai. Mes pieds s'enfonçaient jusqu'à me faire vaciller dans l'épaisse moquette aux reflets marbrés, des canapés en cuir accueillaient une poignée de passagers élégamment parfumés dans leurs costumes soyeux. Le train a accéléré, une brise légère a effleuré mes joues, j'ai alors ressenti cette évidence qui n'allait plus jamais me quitter, je me trouvais enfin à ma place.

Annexe B

Centre des archives politiques du ministère fédéral des Affaires étrangères, Berlin.

Annuaire des membres du corps diplomatique à Berlin, décembre 1939.

« Légation du Mandchoukouo :
Lu Yiwen : Ambassadeur
Ehara Koichi : Conseiller
Sun Hsiao-Su : Secrétaire
Wang Tifu : Secrétaire
Yoshida Keisuke : Attaché
Kasai Tadakazu : Attaché
Liu Mau-Tsai : Attaché »

3.

Enregistrement Wang Tifu, cassette n° 3, février 2001

Par où commencer ? Peut-être par mon arrivée en Allemagne en 1938.

Mon sérieux et ma loyauté ont été rapidement récompensés par mes supérieurs. En cinq années seulement, j'ai gravi les échelons de l'administration des Affaires étrangères jusqu'à obtenir le poste de secrétaire d'ambassade. Je suis un travailleur acharné, compétent, honnête et je ne fais pas de politique. Les Japonais apprécient. Les Japonais et non les Mandchous ou les Chinois parce que ce sont eux qui contrôlent réellement le Mandchoukouo. Rien ne se décide sans leur accord. Ça, je l'ai compris dès le début.

Je suis arrivé avec mon épouse et mes enfants dans la capitale allemande après un mois d'une longue traversée entre Osaka et le port de Hambourg sur le luxueux paquebot japonais *Yasukuni Maru*. Le voyage fut extraordinaire. Le navire comptait des passagers de choix. Je pense surtout à ce groupe de charmantes jeunes femmes, des danseuses de la célèbre revue

Takarazuka, une compagnie de cabaret adulée dans tout le Japon. Des artistes remarquables, d'un niveau international. Avec cette particularité qui plaisait tant aux hommes, ces demoiselles avaient interdiction de se marier. En revanche, leur règlement intérieur ne condamnait nullement les aventures d'un soir. Ces jeunes filles voyageaient pour la première fois en Europe, elles devaient y donner un spectacle en l'honneur de Mussolini. Je crois me souvenir que c'était pour fêter le premier anniversaire du ralliement de Rome au pacte anti-Komintern. Elles nous ont quittés pendant l'escale de Naples. Ma femme, mes trois enfants et moi-même avons continué notre voyage pour accoster à Londres en novembre 1938. Mme Wang était enceinte de huit mois. J'ai bien cru qu'elle accoucherait pendant notre étape dans la capitale britannique. Ce fut très embarrassant. L'ambassade du Japon avait organisé une splendide réception en notre honneur. Quand je dis « notre », je parle bien sûr de l'ensemble de la délégation du Mandchoukouo. Celle dont je faisais partie et qui se rendait en Allemagne pour y ouvrir la première représentation de notre pays en Europe. Je revois ma femme, le visage perlant de sueur, sa laideur soudaine me fit pâlir. Elle perdit connaissance dans la salle de bal, entourée de distingués diplomates et d'aristocrates anglais. Un vieil homme en smoking est intervenu avec calme. Il a sorti de sa poche une petite boîte de tabac à priser et l'a glissée sous le nez de Mme Wang. Le résultat fut immédiat. Elle écarquilla les yeux et poussa un long soupir. Les officiels japonais nous ont priés de quitter discrètement la salle, j'étais honteux, mortifié, je tirai le bras de mon épouse pour disparaître.

Nous avons atteint la capitale du Reich quelques jours plus tard par le train *via* le port de Hambourg. La gare débordait de soldats. Outre le personnel de sécurité, le régime allemand avait réuni un impressionnant contingent de fonctionnaires du ministère des Affaires étrangères. L'ambassadeur du Japon en Allemagne et des responsables d'entreprises japonaises avaient également tenu à nous présenter leurs hommages. Quelle joie de découvrir enfin cette grande cité. Tous ces arbres en fleurs, ces parcs magnifiquement entretenus, quelles merveilles ! Et ces charmants étangs autour desquels se dressaient des chapelets de restaurants aux façades joyeuses… La vie s'écoulait dans une atmosphère d'une prodigieuse sérénité, une harmonie à nulle autre pareille. De jeunes femmes promenaient leurs enfants dans des landaus aux grandes roues blanches, des personnes âgées lisaient le journal sur des bancs confortables. Difficile de croire que, le mois précédent, une émeute avait éclaté ici même. Ces braves gens auraient cherché querelle aux Juifs, en pleine nuit, attaquant des synagogues, éventrant les portes de leurs maisons avec des haches, des bâtons, des pierres, brisé des vitrines, saccagé leurs boutiques. Des incendies avaient ravagé des immeubles entiers. Dans la confusion, des Juifs y laissèrent la vie. Les forces de l'ordre s'étaient résolues à intervenir pour ramener le calme. Je n'étais pas présent, mais on me l'a raconté et la presse l'a longuement relaté. Pour mon plus grand soulagement, tout cela paraissait bien loin. Les femmes avec leurs bébés, les vieux sur les bancs, les arbres, les étangs, Berlin si paisible.

Ravi de pratiquer mon allemand étudié à l'université de Harbin, je flânais sur les grands boulevards. Je surprenais les conversations dans les magasins, m'attardais dans les brasseries pour découvrir les avis des uns et des autres sur les dirigeants du pays et surtout sur leur chef, le célèbre Adolf Hitler. Le mot qui revenait le plus était « nazi ». J'allais vite apprendre sa signification. En cette fin d'année 1938, à la veille de la guerre, les Allemands voyaient encore dans le nazisme une source de gloire et d'espoir. La population attribuait, non sans une certaine fierté, le renouveau de sa nation à ce régime. Un renouveau global, aussi bien économique que politique et militaire. Des drapeaux du parti nazi flottaient sur toute la ville, sur les bâtiments officiels autant que sur les rebords des fenêtres et aux balcons des appartements. Je trouvais ça coloré, tout ce rouge, presque trop rouge, comme une belle femme inutilement fardée.

La première fois que j'ai entendu Hitler, il passait à la radio. Un soir, j'ai allumé le poste chez moi. Sa voix s'est répandue dans mon salon, rampant lentement telle une brume tenace. Il parlait vite, parfois à la limite de l'audible, très bas, comme quand on murmure un secret, puis il tonnait avec la fureur d'un dément, il accusait les Juifs, avertissait et prophétisait, le peuple allemand, son futur, sa destinée, rien ni personne ne parviendrait à s'y opposer. Deux mois plus tard, je le rencontrai.

Comment le qualifier ? Disons qu'Hitler m'est apparu comme un dictateur humble. Presque effacé. Un homme discret. Il portait un costume militaire kaki austère. Nous étions en février 1939. J'accompagnais mon ambassadeur, Lu Yiwen. Il s'agissait d'une visite solennelle, un geste diplomatique majeur pour notre jeune État, la remise de nos lettres de créance au chancelier. Deux voitures du ministère allemand des Affaires étrangères nous avaient récupérés devant notre ambassade. Nous étions accompagnés de nos deux chaperons. C'était la règle, chaque fonctionnaire mandchou, du plus haut gradé jusqu'au simple employé, était encadré par un Japonais. J'avais revêtu mon costume de cérémonie, celui brodé d'or, et portais des gants blancs. L'ambassadeur Lu s'était ceint d'une impressionnante épée incrustée de pierres précieuses. Il a pris place dans le premier véhicule en compagnie du conseiller japonais et des représentants allemands, tandis que je le suivais dans l'autre voiture avec mon *alter ego* nippon. La réception a eu lieu dans les bureaux de la nouvelle chancellerie du Reich. Hitler y avait emménagé le mois précédent. Le département de la propagande du docteur Goebbels se situait juste en face, non loin du ministère de l'Aviation d'Hermann Goering.

Une demi-heure après notre arrivée, l'officier d'intendance nous a introduits dans la grande salle de réception. Hitler est entré quelques instants après. Il était notamment accompagné de son ministre des Affaires étrangères, Ribbentrop. Immédiatement, nous nous sommes levés. Le Führer a serré les mains de chacun, prenant soin d'écouter avec attention les présentations par son directeur des cérémonies. Je remarquai que sa taille ne devait pas atteindre le mètre soixante-dix. Ses hanches larges sur des jambes fines et longues lui donnaient une silhouette presque féminine. Physiquement, il ne m'impressionnait pas, je le trouvais à la limite de la laideur. Quand il est arrivé à ma hauteur pour me saluer, étant donné que je suis plus grand que lui, il a dû lever les yeux. Je n'oublierai jamais ce regard. Quel bleu ! On m'avait prévenu de sa puissance. Le pays bruissait du pouvoir quasi métaphysique de ces yeux. Je n'étais pas déçu. J'y décelai de la férocité, mais aussi du réconfort, la douceur de l'amant et la traîtrise de l'ennemi. À ce sujet, une rumeur circulait dans Berlin. Dans les années 1920, un officier antinazi avait été envoyé pour mater une manifestation organisée par Hitler. Le policier s'était dirigé vers celui qui n'était pas encore le maître de l'Allemagne mais un simple opposant politique, bien déterminé à le jeter en prison. La dureté, la profondeur et la puissance de son regard avaient suffi à le faire changer d'avis. Par la suite l'homme aurait même rejoint le parti nazi tant il avait été subjugué.

Après la remise de nos lettres de créance, Hitler a porté un toast à l'amitié nouvelle qui liait nos deux pays et a souhaité un long et glorieux règne à notre empereur. Puis il est parti. Nous l'avons retrouvé quelques heures plus tard pour le déjeuner. Un banquet avait été organisé en notre honneur. La table à manger était rectangulaire, grande, imposante, épaisse. Hitler se trouvait à une extrémité, avec à sa gauche l'ambassadeur Lu Yiwen. Suivaient ensuite, du même côté, les deux Japonais et votre serviteur. En face de nous, à droite d'Hitler, se tenaient Ribbentrop, le ministre des Affaires étrangères, et d'autres fonctionnaires allemands. Le Führer avait bon appétit. Je me souviens d'une soupe de légumes délicieuse. La conversation s'est animée quand il a eu terminé son assiette. Il s'est essuyé le coin de la bouche avec une serviette, a posé ses couverts et s'est tourné vers nous. Je n'ai qu'à fermer les yeux pour entendre sa voix, ce timbre si particulier, presque doucereux.

— Messieurs, je sais que vous êtes en possession d'un trésor inestimable. Le seul qui vaille vraiment : une terre fertile. Votre production céréalière m'impressionne, surtout celle de soja. Ce soja, vous ne l'utilisez que pour vous nourrir, mais nous, grâce à notre science, nous en avons multiplié les usages. Non seulement pour l'alimentation, pour les vêtements grâce à sa fibre à la fois légère et résistante, mais aussi pour l'industrie chimique.

À cet instant, un soldat s'est approché de notre table, puis s'est mis au garde-à-vous en claquant des talons. Il portait une affiche cartonnée sur laquelle était dessiné ce qui ressemblait à un gros diamant. Des flèches s'échappaient du diamant vers l'extérieur et distribuaient des informations. J'ai dû tendre le cou pour parvenir à lire ces petits textes imprimés en caractères gothiques. Hitler semblait très satisfait de l'affiche. Il la pointait du doigt tout en s'adressant à notre ambassadeur et surtout aux deux Japonais.

Le soja — ce n'était pas un diamant comme je l'avais cru, mais une graine de soja stylisée —, cette merveille de la nature, ce bienfait de l'humanité, regardez, messieurs, ce schéma, nous l'avons dessiné pour vous, spécialement, pour plus de clarté. Pour vous les Asiates, les Jaunes, les Barbares.

Hitler a clos sa présentation, le soldat est reparti avec l'affiche, a claqué de nouveau ses talons et s'est posté au fond de la pièce, toujours avec l'affiche devant lui, bien en évidence.

— Je vais être franc, messieurs, la raison pour laquelle je suis heureux d'établir des relations diplomatiques avec le Mandchoukouo est que j'ai un besoin urgent de votre soja.

Le chancelier parlait de plus en plus rapidement, masquant à grand-peine une impatience presque irritée. Cette conversation de « boutiquier » commençait à l'exaspérer.

— J'espère que vous nous fournirez une grande quantité de ces graines. Nous pouvons vous équiper en matériel agricole pour augmenter votre production. Vous disposerez de toutes les machines nécessaires… si vous nous livrez suffisamment de soja, bien sûr.

Il ne demandait plus, il exigeait. Les Japonais, tout comme l'ambassadeur Lu, se contentaient de hocher la tête en signe d'approbation, mais moi, je voyais bien que leurs sourires ressemblaient davantage à des grimaces. La grossièreté du Führer n'en resta pas là. Il continua sur le registre qu'il affectionnait le plus, les théories raciales.

— Les Asiatiques sont intelligents et talentueux, reprit-il en s'adressant davantage à Ribbentrop et aux autres fonctionnaires allemands qu'à nous. Sept cents ans plus tôt, Gengis Khan et ses fils avaient eu l'ambition de dominer le monde. Ils ont répandu jusque dans les Balkans la race jaune, d'ailleurs ne trouve-t-on pas des gens aux yeux noirs et aux cheveux sombres dans ces régions ?!

C'est alors qu'Hitler a planté son regard sur moi, réclamant un assentiment, une réaction. J'aurais pu me contenter d'un mouvement du menton, un clignement des paupières, mais je n'ai pu m'empêcher de prendre la parole. Je le félicitai pour ses connaissances historiques, le flattai avec délicatesse. Le visage d'Hitler s'éclaira, il s'étonnait de la qualité de mon allemand. Ribbentrop a levé les yeux au ciel. Je n'y ai pas prêté attention. Le ministre des Affaires étrangères allemand ne m'inspirait que peu de respect. Je me souvenais de son passage tonitruant à la soirée que notre légation avait donnée le mois passé. Il avait bu plus que de raison et s'était lancé dans un pathétique discours sur la puissance de l'Allemagne, singeant péniblement les intonations de son maître. Le maire de Berlin avait préféré quitter la salle. À présent, à la table d'Hitler, Ribbentrop se montrait plus discret. Il tenta cependant de prendre part à la conversation. D'un geste à peine perceptible de la main, le Führer le fit taire. Moi, je ne m'arrêtais plus, le chancelier allemand en redemandait, il désirait mon avis. Les Japonais en prenaient ombrage ; il n'en fallait pas plus pour me satisfaire. Je m'amusais à revenir sur les approximations historiques du dictateur, à épiloguer sur la puissance de l'Asie, sur son passé. Je me sentais important à cet instant. Je pensais à mon père et espérais qu'il me croirait quand je lui raconterais la scène.

Je revis Hitler quelques semaines plus tard, le 20 avril 1939, pour ses cinquante ans. Une cérémonie fastueuse avec un défilé militaire de plusieurs heures en plein cœur de Berlin. J'y assistai loin des invités de marque, au dernier rang, à main droite de la tribune principale. L'attaché militaire de l'ambassade de Pologne se tenait juste devant moi. Je le sentais nerveux, il prenait des notes avec anxiété devant les parades de chars et autres engins de mort. De retour à mon appartement, j'ai immédiatement demandé à ma famille de prendre le premier bateau et de quitter cette Europe au bord du gouffre. Je ne doutais pas que ces armes exhibées avec tant de fierté ne tarderaient à entrer en action. Il me fallait protéger mes quatre enfants, l'aîné n'avait que dix ans, le plus jeune âgé d'à peine six mois tétait encore le sein de sa mère. Mon épouse a emballé ses affaires, puis je les ai accompagnés à la gare de Berlin pour le direct vers Hambourg, et je me suis remis au travail.

Lorsque l'ambassade du Mandchoukouo a officiellement ouvert ses portes, le ministère allemand des Affaires étrangères nous a aimablement suggéré d'embaucher Mlle Langer comme secrétaire. Elle avait terminé ses études universitaires deux ans auparavant, était célibataire et correspondait aux critères raciaux du Reich, c'est-à-dire qu'elle était d'ascendance pure sans aucune trace de sang juif. Elle s'est rapidement révélée une excellente et méticuleuse employée ainsi qu'une délicieuse et aimable collègue. Elle affichait en toute circonstance un visage enjoué. Avec ses longs cheveux dorés, sa taille haute, ses épaules larges aux attaches solides, elle nous faisait l'effet d'une walkyrie. Tout naturellement, Frau Langer a été amenée à s'entretenir quotidiennement avec moi. Chaque matin, en arrivant, je parcourais la presse du jour, je la lisais dans mon bureau, prenant des notes si besoin, rédigeant des mémos pour l'ambassadeur, mais surtout j'attendais, j'écoutais. Les pas. Ceux des talons fins de Frau Langer. Mes sens se tendaient à l'extrême à la limite de la douleur, le martèlement presque imperceptible de ses chaussures sur le parquet me rappelait celui des touches d'un piano, tac-tac tac-tac. Et puis le rythme, la cadence, le frottement de sa jupe, même dans les profondeurs du couloir menant à mon bureau, j'en devinais la présence, comme une rumeur entêtante, la promesse d'une bonne nouvelle. Elle toquait à ma porte et entrait sans attendre une réponse. Je continuais de lire sans la regarder. Elle m'interrogeait sur les articles à la une, déposait le courrier à traiter et prenait place sur le canapé en velours côtelé réservé aux invités. « Parlez-moi encore de votre pays », susurrait-elle de sa voix chaude. « J'aime entendre votre allemand, Herr Wang. Il est si pur. Quand je ferme les yeux et que je vous écoute, j'en oublie que vous êtes un Asiatique. C'est magique. »

Nous étions plus que des collègues de bureau. Je crois qu'elle me considérait comme un ami proche, un confident certainement. Mon épouse avait fait sa connaissance avant son départ. Elle l'appréciait autant que moi. Frau Langer lui rendait souvent visite, elle apprenait la cuisine orientale, jouait avec mes enfants, riait quand ils lui parlaient en chinois. Ma femme s'étonnait qu'une si belle fille ne trouve pas de mari. Le sujet attristait la jeune Allemande et la plongeait dans une mélancolie inexplicable. Je demandai à Mme Wang de ne plus l'importuner et de respecter sa vie privée. Lorsque ma famille a quitté Berlin, je n'ai plus invité ma secrétaire, la bienséance l'interdisait. Il nous restait ce rituel matinal dans mon bureau.

Un lundi de début mai 1939, contrairement à mes habitudes, je ne répondis pas aux sollicitations de Frau Langer, son babillage m'agaçait, son parfum parisien ne m'enveloppait plus de cette ouate aux charmes sensuels. Elle remarqua mon changement d'attitude, pourquoi le secrétaire Wang a-t-il perdu sa bonne humeur, que signifie cette barre sombre incrustée sur son front, elle m'interrogeait avec la franchise désarmante des esprits simples, elle tentait de deviner pour me soulager. La sentir ainsi désemparée m'a ému, je n'ai pas résisté longtemps. Je lui répondis que non ce n'était pas ma femme, certes elle me manquait, mes enfants aussi mais…, alors qu'était-ce, insistait-elle, sincèrement inquiète, elle s'approcha et comme pour me confier un secret, elle m'a chuchoté à l'oreille :

« Les Japonais, ces méchants Japonais, si durs avec vous, leurs bouches toujours pleines de mots cruels ? »

Elle aussi s'en méfiait.

— Encore une fois non, me défendis-je, pas les Japonais !

— Mais alors quoi, qui ?

— Les Juifs !

Je n'en dormais plus. Ou alors mal. Depuis quelques semaines. Depuis ce jour où des centaines de Juifs allemands avaient commencé à déposer leurs demandes de visas à l'ambassade. Au début, il ne s'en trouvait que quelques-uns, moins d'une dizaine. Par jour. Ils n'en menaient pas large, ces Juifs, on aurait dit des gosses perdus dans un grand magasin. Ils entraient en silence dans nos locaux et cherchaient de l'aide sans oser prononcer un mot, ils avaient oublié si vite cette assurance que vous autorise l'âge adulte. Je constatais non sans effroi le résultat de seulement six ans de nazisme. L'ambassadeur Lu m'avait chargé de gérer les visas pour les non-Aryens. « Vous parlez allemand et vous connaissez bien les Juifs, non ? » me dit-il quand il me convoqua dans son bureau. « Vous n'en manquez pas à Harbin, me semble-t-il, et vous avez grandi là-bas, alors... » Alors, dans son esprit, forcément, j'avais fréquenté assidûment la communauté judaïque de Harbin et par conséquent la mentalité des Juifs de Mandchourie et donc du monde entier ne présentait plus aucun secret pour moi. Logique imparable... Je ne le contrariai pas et m'attelai à ma nouvelle mission.

Celle-ci consistait à collecter les dossiers et à les valider le plus vite possible. Dehors les Juifs, partez, l'Allemagne vous répudie, réunissez vos biens, vos œuvres d'art, vos plus beaux costumes, vos bijoux, finalement non, laissez tout ça ici, le Reich saura en faire bon usage, prenez vos femmes, vos enfants, vos vieillards et décampez tant qu'on vous y autorise. Je distribuais autant de bons de sortie que possible pour ces gens seulement coupables d'exister. Je n'ignorais rien de ce que le régime nazi leur faisait subir. Les violences, la haine, les coups, les boutiques fermées, les interdits si nombreux, insensés, iniques. Chaque mois, chaque semaine, une nouvelle loi réduisait leur champ des possibles, conduire une voiture, aller à l'école, marcher sur les trottoirs, travailler, se marier, je savais tout cela. Alors leur offrir des visas pour le Mandchoukouo, ça ne me déplaisait pas. Non pas que j'aimasse les Juifs. Pourquoi les aurais-je aimés ? Je ne les détestais pas, c'est tout. Ce sentiment, je le réservais aux Japonais et peut-être un peu aux Russes aussi. Mais pas aux Juifs.

Pourquoi des visas pour le Mandchoukouo ? Voilà une bonne question. Début 1939, la guerre n'a pas encore éclaté et Hitler n'a pas entamé sa politique d'extermination des Juifs d'Europe. À l'époque, les nazis tentent une voie moins sanglante pour se débarrasser d'eux. Quoi de mieux que de les encourager à quitter le pays, loin, très loin de l'Allemagne et même du continent ? Au Mandchoukouo par exemple ! En mai, Ribbentrop et son secrétaire d'État aux Affaires étrangères, un baron du nom de Weizsäcker, ont convoqué l'ambassadeur Lu pour lui proposer un marché. Les Juifs du pays ne servent à rien puisqu'ils n'ont plus le droit de travailler, ou presque, ils ne produisent aucune richesse et n'ont aucun avenir dans le Reich, néanmoins ils ne sont pas dépourvus de talents et certains peuvent même se montrer très utiles pour le développement économique d'un jeune pays. Nous vous proposons de les accueillir. Vous n'en voulez pas ?! Qui vous en blâmerait ? Autorisez-les simplement à traverser votre territoire, un visa de transit suffira, ils n'ont qu'un souhait, retrouver leurs semblables aux États-Unis ou en Amérique latine. De chez vous, ils se rendront jusqu'à Shanghai d'où ils prendront un bateau vers les Amériques. Nous n'entendrons plus jamais parler d'eux. Ribbentrop et Weizsäcker ne manquaient pas d'arguments. Et puis le Mandchoukouo pouvait-il refuser une telle offre ? Théoriquement oui, mais seulement si les Japonais nous en donnaient l'ordre. Ces derniers s'en gardèrent bien.

Avec Frau Langer, nous formions une équipe redoutable. J'avais conscience de la nécessité d'agir au plus vite si nous voulions sauver un maximum de personnes. À partir de fin mai 1939, j'ai consacré l'intégralité de mon emploi du temps à cette tâche. Je revenais le week-end et terminais tard le soir pour boucler les dossiers. Un mois plus tard, plus de mille visas avaient déjà été validés. Certains Juifs m'ont offert de l'argent, de la nourriture, des vêtements, j'ai toujours refusé.

Les noms de ces Juifs, j'aimerais tant pouvoir les citer, juste quelques-uns, au moins un ou deux. J'en suis incapable. À l'époque, je me contentais de vérifier la conformité des documents, je ne cherchais pas à retenir les patronymes, chaque instant, chaque minute perdue se payait au prix d'une vie. Les pièces du dossier avant tout, le reste, je m'en moquais bien. Des années plus tard, j'ai compris mon erreur, on m'interrogeait sur ces visas, fournissez-nous des noms, prouvez-nous que vous avez réellement sauvé des Juifs. Je répétais toujours la même histoire, avec Frau Langer, Ribbentrop, l'ambassadeur Lu, je ne me trompais jamais. Mais ça ne suffisait pas. Combien de fois ne m'a-t-on répondu que je mentais, moi le traître Wang Tifu, le laquais des Japonais, comment aurais-je pu aider des Juifs, moi… ?! Cela fait plus d'un demi-siècle que je tente chaque jour de me remémorer l'un de ces noms. Je donnerais n'importe quoi pour y parvenir.

Annexe C

Archives privées.

« Reich allemand
Passeport numéro 233/39 d'Ellen Maurer, épouse Meyer.
Juive.
Date de naissance : 1er août 1884.
Lieu de naissance : Magdebourg.
Situation : Veuve de consul.
Taille : Moyenne.
Visage : Ovale.
Couleur des yeux : Bleue.
Couleur des cheveux : Châtaine.
Signes particuliers : Aucun.
Enfant : Aucun.

Visa de transit du Mandchoukouo valide pendant 20 jours après l'entrée sur le territoire.
Le 4 mai 1940
Signé par Wang Tifu. »

4.

Enregistrement Wang Tifu, cassette nº 4, février 2001

Vous avez retrouvé l'un de mes visas ? Laissez-moi le regarder ? À première vue, le passeport semble authentique et sur le visa, on reconnaît parfaitement ma signature. Impossible de se tromper. C'est bien moi qui ai offert un sursis à cette Juive. Regardez la date ! Le 4 mai 1940, je le lui ai remis une semaine seulement avant l'offensive contre la France. J'espère qu'elle a pu quitter le pays et fuir cette Europe qui venait d'entamer sa longue et lente plongée vers les ténèbres... Ce document va nous l'apprendre. Laissez-moi le consulter en détail.

Je n'ai aucun souvenir de cette femme. Il se dégage une étrange mélancolie de sa photo d'identité. Et ce regard doux, presque implorant, avec une pointe de tristesse... Le front trop haut, le nez long qui penche sur sa lèvre supérieure comme une virgule, les pommettes arrondies, le cou gras et court, elle n'a jamais pu miser sur sa beauté pour survivre.

Je n'arrive pas bien à lire son nom, l'écriture est penchée, presque tremblante. Ellen Maurer, épouse Meyer. C'est cela, Ellen Maurer. La tête légèrement inclinée sur le côté dans une posture que prennent souvent les timides, elle souriait, cette brave femme, elle était juive et souriait. Pourtant, elle n'avait déjà plus aucune raison de croire au bonheur quand elle a fourni ce cliché au petit fonctionnaire nazi. Regardez la date, le 29 mars 1939, ce passeport lui a été remis juste avant la guerre mais déjà bien après les lois de Nuremberg qui excluaient les Juifs du présent et du futur de l'Allemagne. J'essaye d'imaginer l'angoisse d'Ellen Maurer, allait-elle obtenir son laissez-passer, elle issue d'une race inférieure, l'*untermensch*, comme ils disaient à l'époque ? Les tampons avec l'aigle et la croix gammée sur sa photo d'identité écrasent son visage comme pour mieux le piétiner, effacer cette pénible indulgence qui émanait de cette femme. Et lui rappellent que, même innocente, elle n'échappera pas à la colère du Reich.

L'obtention du visa pour le Mandchoukouo ne signifiait en rien que vous étiez sauvé. Avant d'espérer rejoindre notre pays, les exilés s'aventuraient dans des régions plongées dans la misère et le chaos. La plupart n'arrivaient jamais à destination. Le manque d'argent, les mauvaises rencontres, les maladies, l'arbitraire des forces de l'ordre, les raisons d'échouer ne manquaient pas. Pourtant, Ellen Maurer, cette veuve de cinquante-six ans, n'a pas reculé. Visiblement, elle a quitté l'Allemagne le 11 mai 1940. On retrouve les tampons des douanes de Lituanie, puis de Lettonie. Elle les a traversées le même jour. Les deux pays n'avaient pas encore perdu leur indépendance, ce n'était guère qu'une question de semaines. Staline s'apprêtait à les intégrer de force à son empire, tout comme le troisième des pays Baltes, l'Estonie. Les Russes s'étaient mis d'accord avec les nazis pour le partage de l'Europe de l'Est. Un traité signé avant l'entrée en guerre contre la Pologne. Sûrement le prix à payer pour que le Reich puisse compter sur le soutien de l'Armée rouge. Je me souviens, à Berlin, ces braves diplomates baltes n'ignoraient rien du marchandage dont ils avaient fait l'objet. Les Allemands leur avaient laissé entendre qu'ils ne risquaient rien, je veux dire eux, les diplomates, pas leurs pays. Ils ne risquaient rien parce que Ribbentrop leur offrait l'asile politique, le temps que leurs pays soient libérés de l'occupation soviétique, dans quelques mois tout au plus, mais ça c'était un secret, il ne fallait surtout pas en parler.

La Lituanie puis la Lettonie et l'Union soviétique. Le cachet d'entrée indique qu'Ellen Maurer arrive en terre russe le 12 mai 1940. En seulement vingt-quatre heures, elle a parcouru plusieurs milliers de kilomètres. Il lui restait encore à affronter un continent entier pour atteindre le Mandchoukouo. Un continent vaste, hostile, sauvage, l'Orient russe. Je le connais, croyez-moi, je sais de quoi je parle. Combien de temps a-t-elle mis ? Onze jours seulement pour un voyage de 9 000 kilomètres… Incroyable ! Le Transsibérien fonctionnait encore parfaitement à l'époque. Onze jours de train, sûrement en troisième classe. Forcément, puisque le Reich interdisait aux Juifs de quitter le pays avec le moindre objet de valeur et encore moins de grosses sommes d'argent. Je crois me souvenir que chaque migrant avait le droit de partir avec 400 dollars américains. Cela n'était pas négligeable bien sûr. On pouvait tenir quoi ? deux, peut-être trois mois, mais pas plus. Elle est arrivée au Mandchoukouo le 23 mai. Le lendemain, elle le quittait déjà. Pour quelle destination ? Shanghai, sans doute. Le grand port chinois bénéficiait d'un statut spécial, celui de ville ouverte, nul besoin de visa pour y accéder. Les Juifs y affluaient par milliers. Plus pour très longtemps. Deux ans plus tard, en 1941, les Japonais en prendraient le contrôle. Sur les conseils de leurs alliés nazis, ils interdiraient toute nouvelle immigration et parqueraient les Juifs dans un ghetto.

Logiquement, elle a ensuite dû prendre un bateau pour le Japon puis pour les États-Unis. C'est exactement ça. Sur cette page de son passeport, le cachet indique qu'une semaine plus tard elle atteint Yokohama. Le consulat américain l'a reçue. Elle a dû tenter d'obtenir un visa de longue durée. Apparemment, elle n'y est pas parvenue. Je vois qu'à la place on lui a remis une permission d'entrée sur le territoire pour dix jours seulement. Ellen Maurer, comme tant de Juifs allemands, n'était pas la bienvenue aux États-Unis. Les Américains refusaient d'accueillir ces migrants désargentés. Des pauvres, le pays n'en manquait pas ; il se remettait tout juste de la crise économique de 1929, alors ouvrir les frontières à des migrants spoliés de tous leurs biens, ne parlant pas ou peu anglais, la population tout comme la plupart des élus refusaient d'en entendre parler. Et puis, des Juifs, beaucoup de Juifs d'un coup, qui l'aurait supporté ?! L'antisémitisme se portait comme un charme et pas seulement en Allemagne. Attention, je ne compare pas le sentiment antijuif de certains Américains à la haine institutionnalisée du régime hitlérien. Néanmoins, je constate. En 1939, au sein du corps diplomatique berlinois, il n'y avait que moi, rien que moi pour distribuer des visas aux Juifs allemands. Moi le petit Mandchou. Les Français, les Anglais ? Sûrement pas. Avec obstination, ils s'y sont refusés. Puis ils sont entrés en guerre contre le Reich. Les pays neutres alors, les Suédois, les Suisses ? Pareil. Pas de Juifs allemands sur leur sol, hors de question. Y compris après l'invasion de la Pologne. Surtout après l'invasion de la Pologne. Ne prenons surtout pas le risque de fâcher la puissante Germanie ! Et puis ces distingués représentants de grandes nations européennes comprenaient si bien les dirigeants nazis ; les Juifs, après tout, ne l'avaient-ils pas provoqué, ce malheur qui les écrasait à présent ?! Et les autres diplomates ? Ceux du Brésil, de l'Argentine, du Pérou, de la Thaïlande, de l'Iran, de l'Afghanistan… Je pourrais les citer tous. Le monde entier abandonnait les Juifs d'Allemagne. Toutes ces belles nations, ces vieilles démocraties, ces charmants royaumes si fiers de leurs traditions chrétiennes teintées d'humanisme, ces dictatures militaires orientales, sud-américaines, je les ai vus, en tout cas, j'ai vu leurs représentants, leurs ambassadeurs, leurs chefs de missions, de bien beaux messieurs, diplômés, éduqués, polyglottes, avec obstination ils ont soigneusement détourné le regard. Tous !

Annexe D1

Yad Vashem.
Institut international pour la mémoire de la Shoah, Jérusalem.
8 août 2000.

« Après une méticuleuse évaluation de son dossier, la Commission pour la désignation du titre de Juste a décidé en cette année 2000 de décerner à Ho Feng Shan le titre de "Juste parmi les Nations" pour son courage humanitaire dans la délivrance de visas chinois à des Juifs à Vienne malgré l'opposition de ses supérieurs. »

Annexe D2

Quotidien du peuple.
Pékin.
25 octobre 2000.

« Israël rend hommage à un diplomate chinois pour avoir sauvé les Juifs de l'Holocauste.

Le Yad Vashem d'Israël, ou Mémorial de l'Holocauste, a annoncé qu'il avait officiellement décerné un titre honorifique à M. Ho Feng Shan, un diplomate chinois, pour son aide aux Juifs pendant la Seconde Guerre mondiale. Ho, décédé en 1997, était consul général de Chine à Vienne, en Autriche, de 1938 à 1940. "Il risqua sa vie et sa carrière pour délivrer des centaines de visas à des réfugiés juifs, ce qui leur permit de se rendre à Shanghai, en Chine, pour fuir les nazis qui contrôlaient l'Autriche", a déclaré le responsable de Yad Vashem, Mordecai Paldiel. Ho a reçu le titre de Juste parmi les Nations de Yad Vashem pour ses efforts courageux, a-t-il ajouté. Depuis 1963, Yad Vashem a décerné ce titre à plus de 17 000 non-Juifs, qui ont risqué leur vie, leur liberté personnelle ou se sont mis en danger pour sauver des Juifs. Pendant la Seconde Guerre mondiale, le régime nazi a délibérément procédé à la liquidation systématique de la communauté juive d'Europe, au cours de laquelle quelque six millions de Juifs, dont 1,5 million d'enfants, ont été massacrés. »

5.

Enregistrement Wang Tifu, cassette n° 5, février 2001

Je l'admets, il n'y avait pas que moi. Pour les visas. Je sais pour ce Ho, cet ancien consul de la République de Chine. J'ai lu les articles dans la presse. Pour la première fois, un Chinois a reçu le titre de « Juste parmi les Nations ». Parfait, tant mieux pour lui. Je suis ravi. Il a sauvé des Juifs, il est reconnu, récompensé, qu'est-ce que vous voulez que ça me fasse ? Je suis heureux pour lui, voilà ! Combien de Juifs aurait-il sauvés, ce brave homme ? Quelques centaines ?! Et quelle preuve a-t-on de cet exploit ? J'ai vu l'article de cette revue israélienne, *Israel News* je crois. Il y est écrit qu'on a retrouvé certains des Juifs sauvés grâce à lui. Et puis, il y a cette preuve indubitable, une photo de l'un des visas de ce Ho. Sauf que ce document, ce visa, il n'a rien de chinois, il provient de l'ambassade du Mandchoukouo à Berlin. Et il a été signé par moi. Moi, Wang Tifu. Regardez bien, c'est écrit ici ! On me vole mon passé. Mais je ne compte pas en rester là. Les Israéliens doivent savoir, je mérite tout autant que Ho le titre de Juste.

Annexe E

Archives Wang Tifu.

« Lettre à l'ambassade d'Israël en Chine
Au chef du Bureau d'information.
Février 2001

Monsieur le Chef du Bureau d'information de l'ambassade d'Israël en Chine,

Bonjour. J'ai pu consulter le numéro de décembre 2000 de la revue Israel News *et découvrir l'article consacré à Ho Feng Shan par Mordecai Paldiel. Cet article était illustré d'un visa délivré par l'ambassade du "prétendu" empire mandchou en Allemagne. Je suis l'auteur de ce visa.*

J'ai 90 ans cette année, je suis en bonne santé physique et mentale. Je conserve un souvenir intact de mes années passées à Berlin. J'ai été diplomate de la marionnette mandchoue à partir de décembre 1932 jusqu'en 1945. Tout d'abord secrétaire du consulat à Chita en Union soviétique de 1932 à 1936, puis secrétaire à l'ambassade en Allemagne de 1938 à 1944. Entre le printemps 1939 et la fin de 1940, j'ai validé plus de 12 000 visas pour des Juifs allemands. J'ai agi avec compassion et humanité envers ces braves gens. Je souhaite contacter ce M. Mordecai Paldiel, directeur du département des Justes à Yad Vashem, afin de m'entretenir avec lui et lui faire part de mon action envers les Juifs d'Allemagne pendant la guerre.

Sincèrement vôtre.

Salutations.

Wang Tifu, bibliothécaire du musée provincial d'Histoire et de Littérature de Harbin, province du Heilongjiang. »

6.

Enregistrement Wang Tifu, cassette n° 6, mars 2001

J'ai envoyé la lettre.

La semaine dernière.

À l'ambassade d'Israël… Peut-être ai-je eu tort ? Ces questions sur mon passé ont réveillé des blessures que je pensais à jamais refermées. Le consul chinois, celui dont tout le monde parle, ce protecteur des Juifs, n'est-ce pas là une injustice de trop, n'ai-je pas assez enduré de tourments pour que l'on me nie jusqu'à cette poussière de vérité ? Moi aussi j'ai sauvé des Juifs, des milliers de visas vers la liberté, j'en ai tant distribué que je ne pouvais plus les compter.

Il est vrai que ces laissez-passer, les Allemands, je veux dire le ministère des Affaires étrangères allemand avait exigé que nous les distribuâmes. Je savais que ça arrangeait leurs affaires. Je le confesse. *A priori* rien d'héroïque dans cette action, sauf que tout a changé après la défaite de la Pologne début octobre 1939. Les combats n'avaient duré qu'un peu plus d'un mois. Les forces nazies triomphaient. Pour moi, c'était égal. Je ne connaissais rien à la Pologne et ne m'y intéressais guère. Seule comptait la délivrance des visas. En deux mois, nous avions traité presque 7 000 passeports. Le jour de la victoire sur les Polonais et les semaines qui ont suivi, nous n'avons plus reçu la visite d'un seul Juif. L'ambassadeur Lu m'a réclamé dans son bureau, « Arrêtez tout, les Allemands ne veulent plus les expulser, à partir de maintenant vous refusez toute nouvelle demande pour les non-Aryens », et, d'un mouvement du menton, il m'a congédié. Que je retourne à mes occupations antérieures, que je ferme les yeux, que j'obéisse. Je n'ai pas bougé. À la place, je lui ai demandé : « Les Japonais ?! » Il a détourné le regard, ma question le dérangeait, le plaçait dans une situation inconfortable. J'ai répété : « Les Japonais ?! » Bien entendu que l'ordre venait d'eux. Lu Yiwen n'était qu'un pantin, tout comme moi, un ambassadeur dépourvu d'autorité, une misérable et pathétique marionnette. Savez-vous pourquoi nous devions stopper la délivrance de visas ? Le nombre ! Les Juifs étaient devenus trop nombreux. Avec la conquête de la Pologne, l'Allemagne se retrouvait face à un afflux considérable de nouveaux Juifs. Des centaines de milliers, des millions peut-être, impossible de tous les expulser vers le Mandchoukouo. Le plan de Ribbentrop ne tenait plus. Mais alors, comment se débarrasser de tous ces indésirables ? En cet automne 1939 la question ne se posait déjà plus. Évidemment qu'ils allaient les tuer, ou du moins les faire disparaître. À cette époque, on parlait de ghettos, de solutions administratives, pas d'exécutions. Mais moi, je me doutais de ce qu'il adviendrait des Juifs du Reich. Alors, j'ai agi. Je me suis opposé aux ordres des Japonais. J'ai convaincu Lu Yiwen de me soutenir. Comment ? L'amour-propre.

C'est tout ce qu'il nous restait.

L'amour-propre.

« Ambassadeur Lu, lui ai-je lancé, vous, le représentant de l'empire du Mandchoukouo, le descendant de fiers guerriers nomades, l'héritier de la dynastie Qing, ne possédez-vous donc plus aucun sens de l'honneur pour en supporter davantage ? Nous ne sommes pas des Japonais, nous ne sommes pas des nazis, ces Juifs vont mourir si nous ne les aidons pas. »

Oui je lui ai parlé ainsi, la bouche sèche d'appréhension, le regard fier. Nous étions émus de nous retrouver l'un l'autre. Vous pouvez commettre le mal mais vous devez vivre avec votre conscience, affirme un vieux dicton chinois. L'ambassadeur Lu souhaitait offrir un visage acceptable à la postérité, pas uniquement celui d'un homme corrompu par le pouvoir, pas cet opportuniste désinvolte, pas totalement. Un voyant lui avait prédit une fin funeste : « Lu Yiwen, vous connaîtrez la gloire, vous aurez l'argent, le luxe des puissants, vous quitterez la terre de vos ancêtres pour un pays qui ruinera le monde, vous en reviendrez couvert de chaînes pour mourir comme un chien. » J'étais là quand le mage lui a lancé ce terrible augure, je n'y ai pas cru un instant, j'ai eu tort.

Ça s'est passé au cours d'un dîner, juste avant notre départ du Mandchoukouo pour l'Allemagne, en septembre 1938. L'ambassadeur Lu et son épouse avaient organisé une petite fête chez eux. Des invités prestigieux, mandchous, uniquement mandchous, des membres de la nouvelle élite nationale. Et donc ce mage. Une célébrité habituée à se faufiler dans les résidences bourgeoises pour y répandre ses visions contre de lourdes pièces d'argent. Personne ne connaissait sa réelle identité, il se faisait appeler « Vieux dieu ». La rumeur prétendait qu'il ne se trompait jamais, s'il prédisait votre mort pour la nuit suivante, vous pouviez abandonner tout espoir, vous ne verriez jamais le prochain lever de soleil. Cet homme appartenait aux temps anciens, ceux d'avant la révolution, des guerres et du désordre. Un homme de l'empire Qing, le grand empire, le vrai, celui qui s'étendait sur toute la Chine, des contreforts himalayens aux dunes du désert de Gobi. Ce soir-là, « Vieux dieu » portait une robe cyan à la manière des anciens dignitaires impériaux. Il était énorme. Une large poitrine, une barbe longue, des yeux gris et étincelants comme des huîtres, des dents trop grosses à l'hygiène douteuse, l'homme m'inspira immédiatement du dégoût. L'épouse de l'ambassadeur Lu ne cacha pas sa joie, la présence du magicien rendait hommage à la renommée soudaine de son mari. Tout le monde savait que « Vieux dieu » ne fréquentait que l'aristocratie politique et industrielle. Les personnalités qui comptaient ou s'apprêtaient à le faire. « Prenez place, asseyez-vous, nous sommes enchantés de vous accueillir… » Mme Lu s'agitait tout en ordonnant aux domestiques d'ajouter des couverts pour l'invité surprise.

Il s'est assis devant moi et a attrapé un verre d'alcool de riz qu'il a avalé d'un trait. Ses manières me déplaisaient et je me refusais à lui prêter la moindre attention. Nous mangions tous sans dire un mot quand il a exigé d'une voix à l'autorité assumée qu'on lui fournisse la date de naissance de l'ambassadeur Lu. Une prédiction, une voyance, un message des esprits, le mage daignait partager son talent. Mme Lu ne se fit pas prier et lui transmit les informations avec la docilité d'une écolière. Le spectacle commença. « Vieux dieu » rejeta la tête en arrière comme si une main invisible lui tirait les cheveux, les yeux grands ouverts, il s'est mis à marmonner une langue ancienne inconnue de tous, puis il s'est redressé vers l'ambassadeur et lui a révélé son avenir. Et sa mort prochaine après son séjour en Allemagne.

Bien entendu, il existait une forte probabilité de ne pas revenir vivant d'un si long voyage dans une région aussi instable que l'Europe. Je vous l'accorde. Néanmoins… Comme le devin l'avait affirmé, Lu Yiwen a connu une fin tragique. Malgré les combats qui se rapprochaient, il est resté à Berlin jusqu'en avril 1945. Son statut de diplomate lui assurait une certaine protection, estimait-il. Surtout s'il ne tombait pas aux mains des Soviétiques. Il a donc choisi de se rendre aux Américains, pensant échapper au pire. Mauvais choix. Ces derniers l'ont remis aux autorités du Kuomintang, le régime nationaliste chinois dirigé par Tchang Kaï-chek. Il a été condamné à mort et exécuté. Je crois que c'était en 1950, peut-être un peu avant. Pauvre ambassadeur Lu. Il ne méritait pas un tel traitement. Ce scélérat de Tchang Kaï-chek et sa clique... Certes, il existe une autre version. Discutable, hétérodoxe. Des historiens étrangers prétendent qu'il aurait été abattu par l'Armée de libération du peuple chinois. Par les troupes du président Mao. Je n'y souscris pas un instant. Je respecte la ligne du parti communiste chinois et la version officielle que ce dernier a validée.

Mais je m'égare. En cette fin d'année 1939, j'ai continué à sauver des Juifs en dépit des ordres des Allemands et des Japonais de tout stopper. Combien de vies ai-je ainsi pu arracher aux camps d'extermination ? Peut-être dix mille de plus. « Continuez, me répétait l'ambassadeur Lu, travaillez le jour, la nuit, ne vous arrêtez pas, distribuez des visas, je m'occupe des Japonais, je leur cacherai vos activités, j'en réponds sur mon honneur. » J'ai suivi ses conseils. Avec Frau Langer, j'ai persévéré jusqu'en juin 1940, puis la guerre, celle contre la France et le Royaume-Uni, a tout compliqué, les frontières se sont refermées, les voies de passage pour quitter l'Allemagne devenaient trop incertaines, j'ai dû me résoudre à l'évidence, c'était terminé. D'ailleurs, dans les rues, je ne croisais plus aucun Juif, ils avaient disparu de Berlin, avaient-ils seulement existé, certains en doutaient presque.

Annexe F

Zeng Yizhi, journaliste au Quotidien du Heilongjiang. *Enregistrement. Décembre 2000.*

« Mon nom est Zeng Yizhi, je travaille au Quotidien du Heilongjiang. *J'ai publié plusieurs enquêtes sur la communauté juive de Harbin. Je m'intéresse également au patrimoine historique de la région et tente, avec mes maigres moyens, de lutter contre cette corruption qui a gangrené une grande partie des dirigeants provinciaux. J'ose l'affirmer haut et fort et s'il le faut je peux donner des noms. Ce n'est pas parce que je suis une femme que l'on peut facilement m'impressionner. Il est temps que cela cesse, le parti doit sévir et condamner ces profiteurs des masses laborieuses.*

[…]

J'ai 46 ans et une solide formation en histoire contemporaine. Je suis née à Pékin dans une famille d'intellectuels engagés. On m'a appris l'importance de la vérité même quand celle-ci déplaît aux puissants. Surtout quand elle déplaît. D'ailleurs c'est parce que mon père a dénoncé les combines et les trafics de hauts fonctionnaires à Pékin que notre famille a été déplacée ici, dans le nord de l'ancienne Mandchourie. Je n'étais qu'une enfant mais je me souviens quand les autorités nous ont exilés loin de la capitale. Elles pensaient le briser, mon père, l'obliger à se taire, courber l'échine comme les autres. Mais il n'avait pas peur. Jusqu'à son dernier souffle, il a continué le combat, le président Mao lui servait de modèle, un homme droit, intègre, un vrai communiste. J'ai hérité de ces vertus. Moi non plus je n'ai pas peur. Jamais.

Wang Tifu... La question qu'il faut se poser à son sujet est: Cet homme est-il un sauveur de Juifs comme il le prétend?

Je réponds par la négative.

Au milieu des années 1990, j'ai lu dans un magazine local un reportage sur ce Wang Tifu, j'ai également étudié ses Mémoires édités par les autorités de la province en 1988. Intuitivement, je ne crois pas qu'un traître puisse sauver quiconque, juif ou pas juif. Wang Tifu demeure avant tout et restera à jamais un traître. Il a préféré vivre dans le déshonneur en coopérant avec les démons japonais plutôt que de mourir en martyr. Je vous fais remarquer d'ailleurs que les autorités israéliennes se sont bien gardées de lui délivrer un certificat de "Juste parmi les Nations". Pourtant, au début de cette année, une grande exposition s'est tenue au siège des Nations unies à New York pour célébrer cent cinquante diplomates qui ont sauvé la vie de Juifs pendant la Seconde Guerre mondiale. Pas de Wang Tifu dans cette liste. Il y avait un Chinois, son nom est Ho Feng Shan. Pas Wang Tifu!

Les visas signés de sa main, je ne les nie pas. Ils existent. Mais ça ne change rien sur le fond. Je ne doute pas que ce pseudo-diplomate – oui j'insiste sur le terme pseudo, il ne possédait aucun pouvoir, les Japonais contrôlaient absolument tout au sein de cette ambassade –, donc, ce pseudo-diplomate du Mandchoukouo, je ne doute pas qu'il fût chargé de distribuer des visas à des Juifs allemands. Mais cela en fait-il pour autant un héros ? Non ! Ma théorie se fonde sur des faits historiques. À l'époque, au début de la guerre, les Japonais avaient mis sur pied un programme pour accueillir des migrants juifs. Ce projet portait un nom de code : le "plan Fugu".

Le fugu est un poisson, on l'appelle aussi le poisson-lune parce qu'il possède la capacité de se gorger d'eau pour gonfler et tripler de volume dans le but d'impressionner ses prédateurs. Non seulement il devient imposant, mais sa peau ainsi tendue à l'extrême se hérisse de centaines de dards empoisonnés. Le fugu se transforme en une bombe flottante. Il sécrète une toxine plus puissante que le cyanure et surtout sans antidote connu à ce jour. C'est bien simple, s'il vous pique, vous n'en avez plus que pour quelques heures à vivre. La langue s'engourdit, puis les lèvres, la bouche entière, ensuite vous perdez l'usage de la parole, des spasmes incontrôlables secouent votre corps juste avant la paralysie totale. Les plus chanceux perdent connaissance rapidement, d'autres non. La mort s'apparente quasiment à une délivrance. Chaque année, au Japon, ce poisson tue des dizaines d'imbéciles. Oui, des imbéciles. Pas des pêcheurs, pas des nageurs, non, de riches, très riches imbéciles qui s'amusent à déguster des morceaux de fugu au cours de dîners mondains. Une sorte de roulette russe culinaire. Seuls quelques grands chefs savent neutraliser le poison qui coule dans ses veines. Malgré tout, le risque demeure. Il y a une trentaine d'années, un célèbre acteur du théâtre traditionnel nippon a voulu faire le beau. Pour impressionner ses invités, il a mordu à pleines dents le foie de l'animal, un organe gorgé de poison. Il a offert ce soir-là sa plus belle représentation. Un spectacle unique, une agonie shakespearienne, fatale. Sa mort l'a rendu mondialement célèbre.

Quel est le rapport entre ce poisson venimeux et l'accueil de Juifs ?

Le dosage ! Jusqu'à une certaine quantité, les Juifs peuvent se révéler très utiles, surtout pour développer le commerce. Le "plan Fugu" reposait sur ce postulat absurde : les Juifs sont riches, malins et redoutables en affaires. Qui mieux qu'eux pour développer les territoires nouvellement conquis en Corée et en Chine ? Grâce aux Juifs, ces régions connaîtraient forcément un essor économique fabuleux. Stupide !

C'est dans ce contexte qu'intervient Wang Tifu. En 1939, les Allemands cherchent à se débarrasser de leurs Juifs tandis que les Japonais souhaitent en accueillir. Quoi de plus simple que d'ordonner à l'ambassade du Mandchoukouo à Berlin de distribuer des visas aux candidats à l'exil ? Selon les documents que j'ai pu consulter, le "plan Fugu" prévoyait l'installation de 50 000 Juifs allemands en Mandchourie. La guerre en Europe a mis un terme à ce projet. En septembre 1940, le Japon a conclu une alliance militaire avec l'Allemagne et s'est rangé à sa politique antisémite. C'en était terminé de la migration juive en Asie.

Vous voyez, encore une fois Wang n'a fait qu'obéir aux ordres, un esclave volontaire, soumis aux caprices de ses maîtres, voilà à quoi se résumait l'action de ce pseudo-diplomate. Je méprise cet homme et tout ce qu'il représente. Notre nation s'est montrée bien généreuse à son égard, il n'a pas assez payé pour ses péchés. Cependant, il n'est pas trop tard pour corriger cette erreur. Le parti doit réexaminer son dossier, l'âge avancé du coupable ne doit pas nous émouvoir.»

6 bis

Enregistrement Wang Tifu, cassette n° 6, suite, mars 2001

Cet enregistrement, cette voix si dure, si tranchante, celle d'un juge et d'un bourreau à la fois, elle ne m'est pas étrangère. Elle ressemble aux autres, à toutes les autres, celles qui, avant cette journaliste, m'ont tant de fois condamné. Cette absence de doute et de compassion me glace. Après toutes ces années, je me surprends de trouver encore la force de relever la tête. La haine, j'ai dû très vite m'y habituer. Au début, j'ai espéré qu'elle resterait passagère, ponctuelle, j'encaissais les coups avec acharnement et bienveillance, malheureusement j'avais beau suivre les règles, essayer du plus profond de mon âme de m'associer à la grande et noble Révolution prolétarienne du président Mao, rien ne changeait, je devais me résigner, on ne me pardonnerait jamais. Encore aujourd'hui je subis la calomnie au quotidien, l'ostracisme continue. Contrairement à la tradition antique, mon bannissement ne se limite pas à dix années, il s'étire éternellement. J'arrive à la fin de ma vie et je voudrais, une fois encore, une dernière et ultime fois, que l'on écoute le reste de mon histoire. Pas sur les Juifs, ce débat ne m'intéresse plus. J'ai traversé ce siècle de guerres et de révolutions, un siècle d'une violence comme l'humanité n'en avait jamais connu auparavant. J'ai subi la folie des hommes, le national-socialisme, le communisme soviétique, la guerre civile chinoise, les massacres des Japonais, j'ai tant à révéler. Accordez-moi un instant, je ferai court. Concis et précis à la fois. Vous devez savoir ce que j'ai vécu après l'épisode des visas. Prenez cela comme une forme de testament. Seulement alors, vous pourrez juger si, dans le cœur, je n'ai que de l'encre noire.

Au début de l'été 1940, j'allais fêter mes vingt-neuf ans. Depuis un an, mon épouse avait rejoint la maison familiale à Harbin avec nos quatre enfants. Je vivais seul à Berlin. Je me sentais fort, vigoureux et promis à une vie de succès et d'honneurs. J'occupais un poste à responsabilités dans une ambassade impériale au cœur de l'une des plus grandes puissances du monde. Comment ne pas céder à une forme de contentement vaniteux ? Hitler et les plus hauts responsables nazis échangeaient avec moi avec respect et je participais aux réceptions de la nouvelle chancellerie du Reich en compagnie du gotha de la diplomatie mondiale. Il faut imaginer le faste de ces soirées, un orchestre, les meilleurs champagnes, des costumes dignes d'une cour royale, des jeunes femmes au corsage dénudé et ce plaisir naturel d'appartenir à l'élite. Je parlais toutes les langues majeures d'Europe, sautillais d'une conversation à une autre, répondais en russe ou en anglais à l'un tout en écoutant l'allemand d'un autre, souriais aux traits d'esprit et offrais mon avis sur les dernières dépêches diplomatiques. Cet univers me fascinait et je ne voulais pour rien au monde m'en exclure. Que Frau Langer se soit intéressée à moi ne m'a pas étonné. D'un physique plutôt agréable, plus grand que la moyenne, la silhouette fine et bien proportionnée, je dégageais, me semble-t-il, cet exotisme oriental qui attire tant les Européennes.

Comment savoir si l'on a déjà aimé ? Je parle de désir, de passion, de ce sentiment bouleversant pour lequel les plus courageux acceptent d'abandonner jusqu'à leur volonté la plus intime. J'ai effleuré cet état. Au moment précis où je m'exprime aujourd'hui, tant d'odeurs me ramènent à elle, celle du thé vert, des gâteaux à la cannelle, ou encore ces parfums délicatement fleuris dont raffolent certaines femmes, Frau Langer... Tout a commencé pendant notre séjour à Paris fin juin 1940. La tour Eiffel, le Sacré-Cœur, le quartier Montparnasse, nous disposions de trois jours pour visiter la capitale française. Les beautés de la ville ne suffisaient pas à dissimuler la tristesse qui l'avait recouverte comme un épais voile de deuil. Les Français pleuraient leur défaite et découvraient l'amertume de l'occupation. Je m'étais échappé de la pénible cérémonie de Rethondes, au nord de Paris. Le ministère des Affaires étrangères allemand avait insisté pour que des diplomates étrangers en poste à Berlin assistent à l'humiliante reddition des forces françaises. Seules une poignée d'ambassades de second plan acceptèrent l'invitation. Quelques Sud-Américains et le représentant de la Thaïlande, ce dernier se révélant être un farouche admirateur de Mussolini, m'avaient accompagné. Le 21 juin 1940, tels les spectateurs d'un drame grec joué en plein air, nous avons été soigneusement installés aux premiers rangs de la scène. Il ne nous fallait rien manquer du triomphe allemand. Hitler, le wagon, celui qui avait servi à la signature de l'armistice de 1918 quand la France avait vaincu l'Allemagne, j'ai tout vu. Le lendemain, je m'y trouvais de nouveau, la signature, la vraie, avec la délégation française. Ah, ces pauvres Français… J'éprouvais de la peine pour eux, surtout pour le militaire, le plus âgé, un général je pense, un tout petit bonhomme dans son uniforme trop large, il flottait dedans comme un enfant qui aurait enfilé le costume de son père. Je n'aimais pas ce que l'on me montrait. Alors que les nazis se pâmaient, persuadés d'édifier un empire millénaire, moi, je n'y décelais que de la brutalité. Et je m'y connaissais en matière de violence. Je l'avais personnellement subie avec les Japonais dans mon propre pays.

De ce 22 juin 1940, je préfère me souvenir des longs cils de Frau Langer. J'avais loué une barque sur l'un de ces charmants étangs qui s'étirent paresseusement en lisière de Paris. Elle s'était assoupie, bercée par le rythme cadencé de mes avirons. Sa respiration soulevait légèrement sa poitrine, suffisamment pour laisser deviner entre les boutons de son corsage la dentelle de sa brassière. Je tentais en vain de chasser les pensées qui m'assaillaient. Les yeux mi-clos, elle me demanda dans un souffle: «À quoi pensez-vous, maître Wang ?» À toi, à tes seins lourds, à tes jambes au teint de lys, à ta bouche si fine... Je cessai de ramer, épuisé par le soleil parisien. Il était bien le seul à se moquer de la guerre, des airs de paon d'Hitler et de ses lieutenants, des détresses d'une France si déçue de son armée pourtant réputée alors comme la meilleure du monde. Je l'enviais ce soleil, il avait raison, profite de l'instant, me répétais-je. «Raconte-moi qui tu es, parle-moi de toi...» Je tutoyais Frau Langer pour la première fois.

Quand nous sommes rentrés à Berlin, elle m'a fait part de sa décision. Elle se sentait prête. Prête pour quitter son pays et me suivre quand je serai rappelé en Asie. «J'aime la culture mandchoue, je suis fascinée par l'Orient, j'apprendrai votre langue, je me plierai à vos coutumes», me jurait-elle. Je la sentais sincère. J'avais encore du temps devant moi pour prévenir mon épouse. Un homme de mon statut social pouvait se permettre de partager sa vie avec plusieurs femmes. Les concubines n'étaient pas interdites comme c'est le cas maintenant. Mes revenus suffisaient pour entretenir décemment au moins deux maîtresses. Et, il me faut le reconnaître, l'idée de revenir en Mandchourie avec cette beauté germanique à mon bras flattait mon *ego*.

En attendant ce retour triomphal, je continuais à voyager sur le continent européen pour élargir les relations diplomatiques du Mandchoukouo. Les victoires allemandes du début des années 1940 avaient modifié l'attitude de bien des capitales. Longtemps, une poignée d'États seulement avaient accepté de reconnaître officiellement notre existence. Mais nous appartenions désormais au cercle envié des alliés du puissant Reich, des membres secondaires, certes, mais des membres de l'Axe tout de même. Je participais aux rencontres avec ces présidents, monarques, chanceliers, régents… C'est ainsi que j'ai eu à m'entretenir avec le roi du Danemark. Il s'appelait Christian X. En août 1941, j'accompagnais l'ambassadeur Lu ainsi que nos « conseillers » japonais. Les Danois n'avaient jamais croisé autant d'Orientaux d'un coup. À notre arrivée à Copenhague, ils nous observaient avec étonnement et une pointe de méfiance. Une garde d'honneur manœuvrant au pas de l'oie encadrait un large tapis rouge. Un orchestre joua – mal comme il se doit puisque pour la première fois – notre hymne national, créé de toute pièce par un compositeur coréen proche du pouvoir japonais. Notre Premier ministre en avait rédigé les paroles, il y était question d'amour, de rejet de la haine. « Faisons en sorte que notre pays soit droit et exempt de tristesse », assenait le refrain. Quelle ironie quand on y pense. Jamais vœu ne fut si peu réalisé.

Le vieux roi danois nous attendait au fond d'un hall majestueux. J'avais l'impression de pénétrer dans le repaire d'un géant des contes nordiques. Je n'aurais pas été étonné de voir surgir des guerriers vikings derrière les épaisses tapisseries. Christian X se tenait assis sur un austère trône en bois. Une épaisse moustache dissimulait la partie supérieure de sa bouche. Une impressionnante collection de médailles colorées étincelait sur sa veste. Avait-il remporté tant de batailles ? Nous trouvions-nous devant un brillant chef de guerre ? J'en doutais. Le Danemark traversait des temps pour le moins compliqués. Sa situation ressemblait fortement à la nôtre. Celle d'une marionnette. En avril 1940, l'Allemagne l'avait envahi et conquis en seulement quelques heures. Théoriquement, le pays continuait d'exister, mais il se contentait d'obéir aux ordres de son puissant voisin. Je comprenais l'attitude du roi, il s'accrochait à ce que l'occupant lui avait laissé, les apparences d'un pouvoir perdu. Je pensais à notre empereur, Puyi. Lui aussi jouait à la perfection ce rôle de pseudo-monarque avec ses costumes militaires, ses médailles et ses parades de soldats aux sabres luisants.

La cérémonie se déroula simplement, les lettres de créance, les messages de félicitations, les souhaits d'alliance, le plaisir et l'honneur de se rencontrer. Ainsi que le soja ! Encore le soja ! Nous, les Danois, nous en éprouvons un tel besoin, établissons des accords commerciaux, maintenant, le plus vite possible. Le roi ne parlait pas, il laissait intervenir son ministre de l'Économie, un homme pressé, un marchand. Jadis, il avait fait fortune en Mandchourie, grâce à ce fameux soja. L'invasion japonaise lui fut fatale, ses usines, ses champs, toutes ses propriétés, l'occupant les confisqua, prises de guerre, avait-il argué. Le ministre danois n'avait pas perdu espoir de récupérer ce qui lui appartenait. C'est ce qu'il tentait de négocier avec notre délégation. Nous l'avons respectueusement écouté, nous gardant bien de promettre quoi que ce soit, nous transmettrons, le Danemark peut compter sur le soutien de l'empire mandchou, le droit international sera respecté. Comme si nous en avions le pouvoir…

Deux ans plus tard, au printemps 1943, ce fut au tour d'un autre pays ami de l'Allemagne de nous inviter : la Roumanie. Frau Langer m'accompagnait cette fois-ci. Un millier de personnes nous attendaient dans la gare centrale de Bucarest. Ces braves gens agitaient des petits drapeaux du Mandchoukouo, pensant nous rendre hommage, mais ils ne faisaient que rendre plus réelle notre lâcheté. Ce drapeau n'avait rien de mandchou, il reprenait des couleurs validées dans les ministères à Tokyo. Cinq couleurs pour les « cinq races de la nation », selon la rhétorique du régime. Le bleu pour la minorité han, c'est-à-dire les Chinois, le blanc pour les Mongols, le noir pour les Coréens et le rouge pour les Japonais. Savez-vous quelle valeur symbolisait ce rouge ? Le courage ! Je n'invente rien. Officiellement, ce rouge était associé au courage. Nous, les Mandchous, nous avions droit au jaune, un grand et beau jaune éclatant. J'imagine qu'il représentait la couleur de notre peau. N'était-ce pas à cette couleur que nos envahisseurs nous réduisaient, non sans un racisme prononcé ? Des Asiatiques jaunes ! N'oubliez pas que les Japonais se considèrent comme un peuple de Blancs. Aussi blancs que les Européens et forcément supérieurs à leurs voisins orientaux. L'ambassadeur du Japon en Roumanie fut le premier à nous saluer à notre descente du train. Lu Yiwen s'inclina en guise d'allégeance, me faisant signe de l'imiter. C'était inutile, je me pliais à cette humiliation de bonne grâce depuis tant d'années que j'en avais oublié la signification douloureuse.

Tout au long du séjour, le régime roumain nous a traités comme des princes. Quoi de plus normal, entre « amis » du Reich. Le royaume était à l'époque dirigé par un fidèle allié des nazis, le général Antonescu. Un homme brutal et férocement antisémite. Ainsi qu'un politicien peu avisé ; ne s'était-il pas proclamé le « Pétain roumain » pour marquer sa vassalité avec Berlin ?! Curieuse filiation, mais somme toute prémonitoire. Tout comme son modèle français, Antonescu a très vite dû combattre une résistance intérieure. En pure perte. Au moment de notre visite, ses troupes ne contrôlaient déjà plus les campagnes ; toutes, les unes après les autres, tombaient aux mains de partisans nationalistes et communistes. Hitler avait dû se résoudre à se délester de quelques divisions de sa Wehrmacht et de ses SS pour broyer les fâcheux rebelles. Et surtout conserver un accès aux champs de pétrole roumains. Les massacres des uns entraînaient les expéditions punitives des autres avec cette régularité implacable qui épuisait tant de pays d'Europe. Quel idiot j'étais d'avoir entraîné ma secrétaire dans cette région !

J'avais cédé à ses incessants assauts. Frau Langer rêvait de rencontrer un roi, un vrai, d'une vieille et grande famille d'Europe. Les monarques devenaient rares sur le continent, les dynasties régnantes disparaissaient à mesure que les révolutions populistes gagnaient le cœur des peuples. « Laissez-moi vous accompagner, secrétaire Wang. Juste une fois. La Roumanie, quelle destination parfaite, ne dit-on pas de Bucarest qu'elle est un petit Paris ?! Ce sera si romantique… » Le gala prévu en notre honneur a dépassé ses espérances. Contre toute attente, la cérémonie s'est déroulée loin de la capitale. Trois limousines nous ont transportés à une centaine de kilomètres, dans une région montagneuse. Je crois me souvenir de son nom, Sinaia si je ne me trompe pas. Nous avons passé près de deux heures à rouler sur des pistes taillées à flanc de crête. La route s'est transformée en sentier pour ne plus former qu'une frêle dentelle de basalte. Je serrais discrètement la main de Frau Langer pour me donner du courage. Je la revois, ma chère Frau Langer, elle riait et se moquait tendrement de ma frousse. Elle était une fille de la montagne, me raconta-t-elle, elle avait grandi dans les Alpes bavaroises et n'aimait rien tant que le vertige des cimes et l'appel du vide. Au bout d'un temps qui me parut infini, nous avons commencé à croiser des soldats. Ils se tenaient sur la chaussée, le fusil armé et l'air mauvais. Nous approchions de notre destination. La voie s'est élargie, le revêtement bossué est devenu aussi plat et régulier que le dos de ma main, le conducteur a pointé le sommet d'un éperon rocheux, le château de Peleş, la résidence du roi Michel Ier de Roumanie.

Des ciels bleus, tous différents, une variation chromatique infinie et ce soleil cuivré qui y nageait joyeusement. L'altitude sûrement, la pureté de l'air. Nous avions percé les nuages jusqu'à nous élever au-dessus de la communauté des hommes et nous approcher de celle des dieux. Ce palais gothique aux tours coiffées de chapeaux d'ardoise était certainement leur demeure secrète. Une suite aussi vaste que mon appartement berlinois me fut attribuée. Celle de Frau Langer se situait à l'opposé, dans une autre aile réservée aux femmes. Un large coffret en carton nous attendait sur notre lit. Un costume de gala pour les hommes et une robe entièrement brodée d'argent pour Frau Langer. La cérémonie débuta à onze heures. Hymnes nationaux des deux pays, levée de drapeaux puis remise des lettres de créance. Le roi Michel se tenait aux côtés de sa mère. Il nous offrait un visage fermé et restait muet. Je m'étais renseigné sur lui avant de quitter Berlin. Il n'avait que vingt-deux ans, mais je le savais précocement usé. Comme avec le Danois Christian X, je décelais des ressemblances entre ce roi et mon empereur. À l'image de Puyi qui avait été sacré une première fois tout jeune enfant – il n'avait pas encore trois ans –, Michel reçut sa couronne à cinq ans, en 1927. Elle lui serait reprise trois années plus tard. Exactement comme Puyi. S'était ensuivie pour les deux jeunes hommes une pénible période d'incertitudes et de dangers. Les honneurs, ils finiraient par les retrouver, mais à quel prix... Pantins destinés à interpréter une pièce dont ils n'étaient pas les auteurs, ils sacrifièrent le prestige de leur lignée à des régimes honnis, se condamnant pour l'éternité. Les Japonais avaient placé Puyi sur un trône en fer-blanc, pour Michel, ce fut le redoutable Antonescu. En 1940, la Roumanie récupérait son roi, un vieillard de dix-huit ans.

La qualité de la nourriture laissait à désirer. Les contraintes de la guerre se ressentaient jusque dans les assiettes du palais. Pourtant, les défaites du Reich et de ses alliés en 1943 continuaient à n'apparaître que comme de simples contretemps, des péripéties tout juste bonnes à rendre la victoire finale plus éclatante. Une victoire forcément inéluctable. On avait vendu au peuple allemand le succès du nazisme, la prospérité et la joie d'un monde pur, sans les Juifs, sans les communistes, sans les autres. Ce programme ne me concernait pas, il m'était, dès lors, facile de jouer les sceptiques. Le désastre de Stalingrad, les déroutes en Afrique du Nord, je n'en ignorais rien. Depuis plusieurs mois, je constatais les mines déconfites de mes collègues diplomates, ceux dont les pays qui, comme le Mandchoukouo, avaient lié leur existence au destin de l'Axe. Je les croisais dans les salons de la chancellerie à Berlin, notamment pour les anniversaires du Führer. En 1943, il y avait eu du monde. Le service du protocole du Reich avait su s'y prendre pour sauver les apparences. Ce 20 avril, la salle débordait de membres d'ambassades, presque plus qu'en temps de paix. Sauf que les trois quarts de ces fiers *gentlemen* parlaient japonais et italien. Ajoutez quelques Croates, Hongrois et Roumains ainsi que deux ou trois Asiatiques et c'était à peu près tout. J'oublie les plus heureux, les dignitaires des pays neutres. Suisses, Suédois, Irlandais et envoyés du Vatican, eux savaient qu'ils échapperaient au naufrage du Reich. Je les revois suant de l'assurance de ceux qui n'auront aucun compte à rendre après la guerre. Qui témoignera qu'ils avaient lapé dans l'écuelle du monstre ? Les nazis ? N'oubliez pas que l'histoire, ce sont les vainqueurs qui l'écrivent. Toujours…

Pauvre Frau Langer. Le gala roumain l'ennuyait à mourir. Le ballet incessant des laquais en livrée rouge ne l'amusait déjà plus. Guidés par les violons de l'orchestre royal, ils déposaient les plats, changeaient nos assiettes, nos couverts, remplissaient nos verres de vin selon une chorégraphie ampoulée. Le roi continuait à garder le silence. Sa mère s'évertuait à distribuer la conversation avec d'autant plus de talent que l'atmosphère glaciale frôlait l'incident diplomatique. Cette femme d'une grande beauté, les cheveux sombres, la peau presque mate, rayonnait. Elle s'appelait Hélène et était la fille d'un roi de Grèce. Elle n'avait pas cinquante ans et en paraissait quinze de moins. Est-ce parce que je la dévorais du regard qu'elle s'est adressée à moi ? Ou plus simplement parce qu'elle savait mon allemand suffisamment bon pour la comprendre ? « Vous avez vu, nous aussi nous avons beaucoup de personnes aux cheveux noirs en Roumanie. » Je ne savais que faire. Devais-je transmettre la remarque de la reine mère à mon ambassadeur ? « C'est à vous que je parle, cher monsieur… », continua-t-elle, de bonne humeur. Soudain, elle baissa la voix et me demanda avec gourmandise : « Les Chinoises continuent-elles de se bander les pieds comme autrefois ? » Le rouge me monta au visage. Cette pratique barbare consistait à atrophier les pieds de jeunes filles dans un étau de bandelettes. Un supplice inhumain dans le seul dessein d'approcher une prétendue excellence de la féminité chinoise. Cette torture a été interdite après la chute de l'empire Qing, en 1912. Vous êtes des sauvages, des monstres tout juste bons à maltraiter les femmes, voilà ce que me rappelait la reine mère. Je me mordis la joue jusqu'au sang avant de lui répondre que, non, cette mode était révolue, ou alors peut-être dans les campagnes isolées, et puis, de toute façon, les pieds bandés, ce sont les Chinois qui avaient créé cette atroce tradition, pas les Mandchous. Or nous sommes des Mandchous, Votre Majesté. Rien à voir avec les Chinois, ou si peu. Mes arguments l'ont déçue, elle a secoué la tête pour se débarrasser des mots qu'elle entendait et a frappé dans ses mains. « Un peu de musique », a-t-elle ordonné à l'orchestre. « De la musique pour danser ! »

Des femmes, toutes plus ravissantes les unes que les autres. Comme dans un rêve, les portes donnant sur l'extérieur se sont ouvertes et elles ont surgi en glissant sur le parquet lustré. Le jeune roi s'est levé sans enthousiasme pour se diriger jusqu'au centre de la salle de bal. Nous le suivions, étonnés et circonspects. L'air gauche de nos chaperons japonais m'amusait. Je savais que ces hommes aux jambes courtes répugnaient à ce type de plaisir et surtout qu'ils en ignoraient les bases les plus élémentaires. Je guettais Frau Langer et tentai de la rejoindre pour l'inviter quand une voix chaude glissa à mon oreille : « Est-ce qu'on apprend l'art de la danse aux jeunes diplomates de votre pays ? » Sans me laisser le temps de prononcer le moindre mot, la reine mère m'a attrapé le bras pour m'entraîner parmi les autres couples déjà prêts à s'élancer. Les musiciens ont joué une valse. Une valse ! Voulait-elle m'humilier ? Elle devait se douter qu'il n'existe que bien peu d'occasions de valser en Mandchourie. Ou alors chez les Russes de Harbin... Chez mes amis russes. Je suis un excellent danseur. Je l'étais du moins à l'époque. Je valsais comme un Européen. Moi, Wang Tifu, j'ai valsé avec Hélène de Grèce. Et fus félicité pour ma prestation par le roi Michel en personne. J'entends encore les applaudissements de l'assistance. Ils sont là. Ils rebondissent encore sur ma poitrine et la réchauffent. C'était il y a près de soixante ans, pour moi c'était hier, juste hier.

Je n'ai pas trop subi les ravages de cette guerre. Je pourrais prétendre le contraire, raconter à quel point ce fut atroce, les restrictions, l'absence d'espoir, la folie du régime national-socialiste, la peur... J'aimerais y parvenir, trouver les mots justes, ceux qui sonnent vrai, vrai comme ces odeurs de métal fondu, de cendre et de poussière qui envahissaient Berlin les lendemains de bombardements. Je pourrais décrire ces immeubles craquelant comme des biscuits secs sous les fracas des bombes et dont les débris écrasaient les piétons sur les trottoirs. Après chaque raid aérien allié, la ville se réveillait un peu plus laide, hagarde, impuissante. Tout cela a existé. Et pourtant les années 1943 et 1944 restent heureuses dans ma mémoire. Je les associe au plaisir et à la liberté. Celle d'une danse avec une reine, de voyages luxueux, de décapotables… S'enivrer des meilleurs crus, manger chaque jour à sa faim, se réveiller dans des draps propres, qui pouvait encore y prétendre à cette époque ? Même les plus fortunés, les capitaines d'industrie, les magnats de l'acier, les boursicoteurs, tous ces millionnaires arrogants avaient disparu. Je les imaginais planqués dans des caves humides parmi les rats. Ils ne servaient plus à rien dans cette apocalypse programmée. Moi, le diplomate, j'appartenais à cette minorité d'élus, munie d'un ticket de première classe en toute circonstance. Jusqu'à la fin. Jusqu'au désastre ultime.

J'avais faim de cette orgie. Je n'ai rien laissé, pas une miette. Les derniers mois de la guerre, je les ai passés dans un manoir dans la banlieue de Berlin. Une idée des autorités allemandes. Notre ambassade avait été en grande partie détruite lors d'un bombardement anglais. Je n'y ai pas perdu au change. La bâtisse ne manquait pas de cachet, le style hésitait entre le chalet bavarois et la forteresse médiévale. Le propriétaire avait disparu. J'ai vite compris qu'il était juif. Je ne ressentais aucune honte à occuper sa demeure et me persuadais même que, avec un peu de chance, il faisait partie de ces inconnus à qui j'avais accordé un visa entre 1939 et 1940. Le parc était jalonné d'arbres fruitiers et de vignes aux grappes aussi lourdes que juteuses. Il y avait également un étang rempli de petits poissons au ventre multicolore et une écurie, mais vide de chevaux – les soldats les avaient réquisitionnés depuis longtemps. Le soir, quand le temps le permettait, je m'installais confortablement sur un transat, le dos à la rocaille dans l'arrière-cour, et contemplais Berlin. La capitale surgissait en contrebas. Je la distinguais nettement, même à une vingtaine de kilomètres. Le couvre-feu la plongeait dans le noir pour la protéger des assauts aériens, la transformant en une masse sombre et inquiétante. Juste à l'oreille, rien qu'aux vibrations de leurs moteurs, j'arrivais à distinguer les modèles des forteresses volantes de la Royal Air Force. Juste après l'explosion lumineuse des bombes, je comptais les secondes nécessaires au grondement de la déflagration pour arriver jusqu'à moi. Ces boules de feu éclairaient le ciel comme en plein jour, plus qu'en plein jour, je comparerais ces couleurs à celles d'un coucher de soleil incandescent. Avec une dominante de blanc, pas ce blanc laiteux de l'écume sur les plages, un blanc profond, métallique, éblouissant comme les phares d'une voiture. J'imagine que c'était dû au phosphore. Ces bombes incendiaires que larguaient les Anglais, elles en étaient bourrées, c'est grâce à ce mélange qu'elles parvenaient à brûler jusqu'aux pierres les plus épaisses des bâtiments. En quelques secondes, l'air prenait la chaleur d'un four, carbonisait vos poumons aussi sûrement qu'un steak sur un grill.

Bien sûr que je pensais aux victimes, ces personnes ordinaires dont le souvenir s'effacerait jusque dans la mémoire de leurs proches. Dans quelques mois, que resterait-il d'elles ? un prénom, une silhouette rendue floue par la douleur. Ma peine, je la réservais à ma famille. Je l'avais mise à l'abri au pays, je savais ma femme et mes enfants sains et saufs.

Le reste importait peu.

7.

Enregistrement Wang Tifu, cassette nº 7, mars 2001

Je n'ai jamais autant tué que pendant cette guerre. Des animaux. Pas des hommes. Je chassais pour le plaisir, pour le goût de l'exploit, comme un sportif à la recherche d'une nouvelle performance. Je m'évadais de mes obligations professionnelles aux moindres occasions. Et celles-ci étaient nombreuses, se présentant avec une régularité reposante. Depuis longtemps, je n'avais plus de visas à fournir à des Juifs ou à quiconque ; quant à mes possibilités de déplacements à l'étranger, elles se calquaient sur l'évolution des zones d'influence du Reich, c'est-à-dire sur un périmètre de plus en plus restreint. Mon dernier voyage officiel eut lieu fin août 1943, pour des funérailles. Celles du roi de Bulgarie. Il s'appelait Boris. Je l'avais rencontré quelques semaines auparavant pour ces histoires de lettres de créance. Il n'avait qu'une quinzaine d'années de plus que moi mais semblait plus usé et marqué que mon propre père. Il peinait à marcher et à tenir debout. Il tremblait comme un possédé. La fièvre sûrement. On disait de lui qu'il était un pacifiste. Jusqu'en 1941, il avait réussi à résister à ses deux oppressants voisins, l'Allemagne et l'Union soviétique. Il réclamait le soutien des puissances occidentales pour éloigner son pays de ces menaces totalitaires. Mais qu'offrait-il en échange ? Du pétrole, de l'or, du soja ? Il ne possédait rien. Le sachant esseulé, Hitler n'avait pas eu grand mal à le persuader de rejoindre l'Axe. Comment ? En lui promettant d'envahir son pays en cas de refus. À regret, Boris rangea son royaume dans le camp hitlérien. C'est certainement ce qui l'a tué, petit à petit. Ses obsèques furent sobres. Le corps du roi reposait sur un lit de fleurs odorantes. Je me suis souvenu de ce vieil adage de chez moi qui dit qu'aucun fonctionnaire ne parvient à vivre le cœur léger. Le sien n'avait pas su se protéger suffisamment du poids de ses décisions. Et le mien ? Allais-je finir comme le roi Boris III ? Devais-je me sentir responsable de décisions que l'on m'imposait ? Je le refusais. De toutes mes forces. Je voulais vivre. Le cœur léger.

À mon retour de Bulgarie, je retrouvai une Frau Langer fébrile. Un concours de chasse allait avoir lieu. Une idée de mes voisins, des diplomates déplacés comme moi pour échapper aux brasiers de la capitale. Une dizaine de nationalités cohabitaient harmonieusement dans cette campagne relativement épargnée. Ma secrétaire avait parié sur ma victoire. Elle savait que je tirais avec une précision redoutable. Une fois, j'avais réussi à toucher un jeune cerf. Nous étions accompagnés d'un fermier. Celui-ci m'aida à l'achever. Il sortit un couteau de l'une de ses bottes et arracha le cœur de l'animal. Puis il me le tendit. « Prends-le, goûte-le, il est encore chaud ! » Frau Langer m'expliqua que c'était la coutume, celui qui avale une partie du cœur de l'animal s'en approprie la force. Je l'ai fait. Mais pour ce concours, c'était tout autre chose, plus de folklore et de tradition rustique, on ne s'amusait plus, les enjeux dépassaient le simple plaisir de tuer, je représentais mon pays, l'honneur d'un peuple amoureux de la chasse. Moi, le lointain cousin des hordes de Gengis Khan, je me confrontais aux meilleures gâchettes du corps diplomatique berlinois. Qui a eu l'idée de cette compétition ? Je l'ignore. Parmi les participants figuraient des Japonais, des Hongrois, des Croates et surtout un Turc. Un homme au physique impressionnant, au front court et à la moustache taillée en pointes à la Kaiser. Le maire de la bourgade faisait office de juge de paix. Pour rabattre le gibier, il avait sollicité une main-d'œuvre parfaitement adaptée : des prisonniers de guerre. Autour de nous, les camps d'internement ne manquaient pas, ni les prisonniers soviétiques. J'imagine qu'ils ont été heureux d'échapper, l'espace d'une journée, à leurs misérables conditions de détention. Ces braves garçons se démenaient pour nous satisfaire. Ils couraient dans tous les sens et poussaient des cris étranges en agitant les bras. Je dois reconnaître qu'ils savaient s'y prendre pour rameuter les bêtes. On les avait prévenus, en cas d'accident de chasse, ils seraient soignés dans la mesure du possible mais ne pourraient espérer aucun dédommagement des autorités locales. Je vous rassure, personne n'a été blessé, je le jure. Les coups de feu éclataient de partout, on se serait cru sur un champ de bataille. Les lapins, d'énormes lapins, sautaient aussi haut que des chevreuils. Je me montrai impitoyable et en abattis plus que tous mes concurrents réunis. Tous sauf le Turc. Bientôt, il ne resta plus que nous deux. La finale. Chacun avait choisi son champion. Frau Langer et les prisonniers soviétiques me soutenaient avec force bruit. Le vainqueur recevait un chapeau de cuir, typiquement germanique. C'est le Turc qui le porta.

L'hiver 1943-1944 fut un grand millésime pour les sports d'hiver. La neige tombait abondamment dans la campagne berlinoise malgré des températures à peine négatives. Les troupes soviétiques avaient lancé leur grande offensive sur le front oriental et culbutaient les avant-postes de la Wehrmacht. Néanmoins, les frontières du Reich demeuraient hors de leur portée et suffisamment protégées par de redoutables unités blindées. Je ne m'inquiétais pas et décidai d'étrenner ma nouvelle voiture. Une américaine, un achat impulsif presque revendicatif si on y réfléchit. J'osais m'afficher au volant d'un modèle fabriqué par l'ennemi *yankee*. En réalité, je n'aimais pas les marques allemandes, je les trouvais trop sages, datées, *old school*. J'avais choisi un cabriolet Harrison de 1939. Une folie. Un luxe presque au-dessus de mes moyens. Il était même équipé d'une radio. Quant à la capote, c'était incroyable, elle fonctionnait automatiquement. Il suffisait de presser un bouton près du volant et hop, en douceur, le toit s'escamotait au-dessus du coffre. À l'arrière, sous la banquette, j'avais installé l'essentiel pour un pique-nique, des réchauds, de la vaisselle et des couvertures. Le jour de Noël, j'ai invité Frau Langer pour un petit séjour à la montagne. C'était une surprise. Quand elle a vu ma voiture, elle n'en est pas revenue. Elle tapait dans ses mains gantées pour me féliciter. Je vous l'ai dit, cet hiver a été magnifique.

Je skiais depuis peu mais me débrouillais plutôt bien. Les stations les plus proches se trouvaient à trois heures de route. Je m'y rendais chaque hiver, mais c'était la première fois que je conduisais moi-même. Un policier nous a arrêtés à l'entrée d'un village. Il a vérifié l'état de nos pneus ; je ne les avais pas équipés de chaînes malgré la saison. « La route devient mauvaise, la neige, le verglas, qu'il nous disait, votre véhicule ne passera pas le col. » Nous avions déjà roulé plus d'une centaine de kilomètres. Les pistes nous attendaient à moins d'une demi-heure. J'ai remercié le fonctionnaire de sa sollicitude, je connais la route, je serai prudent, aucun problème monsieur l'agent, et puis j'ai redémarré en prenant bien soin d'accélérer pour l'impressionner. C'est lorsque les essuie-glaces n'ont plus réussi à décoller la neige que j'ai commencé à m'alarmer. La capote vibrait sous les bourrasques de grésil comme la voile d'un bateau en pleine tempête. Le système de chauffage, pourtant d'habitude si efficace, ne parvenait plus à nous protéger de l'humidité et du froid. Nos respirations formaient d'épaisses volutes de buée et amoindrissaient un peu plus la visibilité dans l'habitacle. Puis il y eut ce bruit. Sous la voiture. Presque inaudible, étouffé, ouateux. Tout s'est ensuite accéléré. Les roues avant se sont mises à patiner dans un grincement plaintif tandis que l'arrière du cabriolet s'élançait sur la gauche dans un arc de cercle incontrôlable. J'avais beau tourner le volant dans tous les sens, ma Harrison ne répondait plus. Pourquoi ai-je pensé à descendre ma fenêtre ? Un réflexe, j'imagine. J'ai sorti la tête et j'ai compris. Ce n'était pas une pierre que nous avions heurtée mais une butte enneigée. Comme sous l'effet d'un tremplin, l'avant du véhicule s'était soulevé et celui-ci ne touchait plus le sol que sur trois roues. Sous l'effet giratoire, nous avions quitté la route et nous nous rapprochions dangereusement du ravin. J'ai levé immédiatement le pied de l'accélérateur dans l'espoir de stopper notre glissade. Au même moment, le bloc de neige a éclaté sous notre poids. Maintenant nous dérivions sur le côté, entraînés par la pente. Je paniquais et maltraitais la boîte de vitesse pour enclencher la marche arrière. Je ne parvins qu'à faire caler le moteur. Nous n'entendions plus que le froissement lugubre de la neige sous nos pneus. Frau Langer poussa un cri, se couvrit les yeux puis la bouche. J'ai ouvert sa portière et l'ai poussée dehors de toutes mes forces. « Sors, vite ! » Elle n'a pas eu le temps de m'entendre. Sa chute fut amortie par la poudreuse. Je l'avais sauvée.

Nous en avons souvent parlé, de cette folle nuit. Quelle histoire ! Elle en frissonnait encore, rien qu'à l'évoquer. J'aimais la voir si émue, débordante de reconnaissance. Je me sentais utile et courageux, autant de sentiments dont les Japonais m'avaient dépossédé depuis plus de dix ans. Utile et courageux… La voiture n'avait pas terminé sa course au fond du précipice, une congère l'en avait empêchée juste à temps. J'en fus quitte pour quelques reichsmarks en carrosserie.

L'anniversaire du Führer marquait chaque année le retour des beaux jours. Quand j'y pense, c'est étrange d'associer la renaissance de la nature, le soleil du printemps à Hitler. Je n'y peux rien s'il est né un 20 avril. Les célébrations pour ses cinquante-cinq ans ne débordèrent pas d'enthousiasme. Cette année 1944 se montrait peu favorable aux destinées nazies. Même le docteur Goebbels peinait à trouver les ressorts psychologiques pour motiver le peuple. Il régnait une forme de lassitude dans Berlin ainsi qu'une sincère déception. Seuls quelques fanatiques pariaient encore sur une issue acceptable. Comme mes collègues diplomates, je n'ignorais plus rien du sort réservé aux Juifs. Les camps d'extermination, nous en avions eu vent depuis plusieurs mois. Des rumeurs au début, rien de fondé, rien de précis, on tue dans les territoires occupés à l'est, on massacre, par balle, racontait-on, puis il fut question d'autres méthodes, plus terribles encore, industrielles, pratiques, efficaces… du gaz ! On s'invitait les uns les autres, entre légations, par affinités personnelles ou par alliances stratégiques. J'évitais de me rendre chez les Japonais. En revanche, j'aimais rencontrer les Italiens, les Hongrois et même ce Turc qui m'avait battu au concours de chasse. À tour de rôle, on évoquait nos vies d'après, d'après cette saloperie, la guerre finirait bien un jour, les États auraient alors besoin de nous pour reconstruire ce monde ravagé. Personne ne doutait de parvenir à trouver sa place sur ce nouvel échiquier. Pourquoi en serait-il autrement ? Les Juifs, aucun ne se permettait de prononcer ne serait-ce que ce mot : Juif. On disait « eux » ou alors « les autres » d'un air entendu, conspirateur, prudent en tout cas. Était-ce de la lâcheté ? Je ne crois pas. Du bon sens. Nous aussi nous cherchions à tenir un jour de plus, à survivre.

L'approche de la défaite rendait Berlin lugubre. Je ne m'y amusais plus. Les aviations alliées en contrôlaient le ciel et n'hésitaient plus à vider les soutes de leurs bombardiers, même en plein jour. Comme mes collègues des autres ambassades, je m'escrimais à trouver de parfaits prétextes pour éviter tout déplacement en ville. Les services de Ribbentrop nous convoquaient pourtant. « Un rendez-vous stratégique, une communication confidentielle, le ministre requiert votre présence, votre sécurité sera assurée par nos meilleures troupes, des SS, l'élite de nos combattants. Les avions ennemis ? Notre DCA, la protection antiaérienne, elle n'en fera qu'une bouchée. » Les fonctionnaires nazis ne savaient plus comment s'y prendre pour nous persuader. Leurs menaces tout comme leurs cajoleries n'y changeaient rien, nous ne bougions pas. Seuls des subalternes, des employés de troisième rang, les plus jeunes souvent, se rendaient sur place, une occasion unique de découvrir les ors des ministères du Reich, un honneur, un privilège pour des débutants tels que vous, c'est ce que leur répétait leur hiérarchie, les ambassadeurs, les chargés d'affaires, ceux qui restaient bien planqués dans leurs confortables villas loin des zones de combat.

Je n'ai pas voulu assister à la fin du national-socialisme. Le romantisme de la chute d'une dictature ne m'a pas convaincu de prolonger mon séjour en Europe. Je préférais échapper à la curée et au désordre qui en découlerait. Et puis je pensais à ma famille. Plus de cinq ans à Berlin, loin des miens, loin de mon pays. Mon dernier enfant n'était âgé que de quelques mois quand il m'avait quitté en 1939. Se souvenait-il de son père ? Moi-même, si je le croisais dans la rue, saurais-je le reconnaître ? Ma décision était prise, je rentrais. Au printemps 1944, je réclamai mon rapatriement au Mandchoukouo. L'ambassadeur Lu accepta. Restait à convaincre nos supérieurs, les Japonais. En attendant leur réponse, je continuais à représenter l'ambassade aux fêtes officielles. Dont ce cinquante-cinquième anniversaire du Führer. Il ne s'y trouvait pas, lui, Hitler. Il se moquait bien de ses ultimes soutiens diplomatiques, trop compromis ou trop velléitaires pour changer de camp. « Il se repose au Berghof », me confirma un membre du protocole. Les ministres non plus ne s'étaient pas déplacés. Seul le corps diplomatique étranger s'évertuait à sauver les apparences. Après tout, pourquoi ne présenterions-nous pas nos vœux à ce chef d'État ? Parce qu'il a piétiné, massacré les droits humains les plus essentiels, pour avoir plongé des millions d'individus dans des souffrances physiques et morales exceptionnelles, pour les morts, les exécutés, les torturés, les violés ? Allons, un diplomate voit plus loin que l'émotion de l'instant. Il représente son pays et ne juge pas. Pour nombre d'États, l'Allemagne de 1944 restait fréquentable. Je ne parle pas ici des vassaux de l'Axe mais de ces nations libres de choisir entre le bien et le mal. Jamais un conflit n'avait à ce point rendu le monde si parfaitement manichéen. Le bien d'un côté, le mal de l'autre. Moi, j'y étais contraint, obligé de revêtir mon costume d'apparat et de signer le registre des invités. Mais eux, pourquoi ? Pourquoi venir en si grand nombre à cet anniversaire quand un seul représentant aurait suffi ? Je me souviens, le Vatican, ils étaient quatre dont le nonce, ce vieil Italien au visage sombre, aux yeux cernés. Il se débrouillait toujours pour arriver le premier aux cérémonies. Un bon petit écolier, toujours propre sur lui, aimable, souriant avec tout le monde, jamais un mot plus haut que l'autre. Sur le livre d'or de la chancellerie, sa signature figurait tout en haut, en premier. Les Suédois aussi continuaient à venir à plusieurs. Ce jour-là, j'en ai compté au moins six, des militaires pour la plupart. Je connais leurs noms, je pourrais les citer de mémoire, mais qui s'y intéresse aujourd'hui ? Il y avait aussi cet Irlandais, fiévreusement antisémite, persuadé que les rumeurs sur les exécutions massives de Juifs ne reposaient sur rien, juste un énorme mensonge des Alliés pour salir les nazis. Les Suisses se montraient moins obtus sur la question mais demeuraient fidèles à ce régime auquel leur État avait si généreusement offert le savoir-faire de son système bancaire. Étrangement, je ne les ai pas croisés plus tard dans les colonies pénitentiaires soviétiques. Ils ont échappé à la justice des hommes. Pas comme ces Italiens, ces Hongrois, ces Roumains, ces Bulgares, tous condamnés à des décennies de camp par Moscou.

Elle n'a rien dit. Elle m'a écouté avec cette attention que je lui connaissais si bien et qui m'avait convaincu de la prendre à mon service cinq ans plus tôt. Le ministère mandchou des Affaires étrangères avait fini par rendre sa décision, ma requête était acceptée, je rentrais à la maison. « Quand ? » Sa voix ne laissait transparaître aucune émotion, ni un soupçon de colère, une voix neutre, professionnelle. Frau Langer, ma jeune et délicieuse amie, je pars dans trois semaines, par le train, un convoi spécial, uniquement pour des diplomates, je disposerai aussi d'une escorte armée, jusqu'à la frontière allemande, Ribbentrop s'y est engagé, sa garde personnelle, a-t-il précisé, après il faudra se débrouiller seul, prier pour échapper aux guet-apens et aux attaques de partisans, mais je reste confiant, tu me comprends, hein ?! Elle ne demandait pas tant de détails. Elle souhaitait juste savoir quand. J'aurais pu lui parler de sa future vie en Mandchourie, de ces séances de patinage sur la glace épaisse de la rivière Songhua, des théâtres russes de Harbin où se jouent les meilleurs opéras d'Asie, de ces forêts de hêtres et de bouleaux aussi vastes qu'un continent. Elle méritait mieux que des mensonges.

Nous savions tous les deux qu'elle ne me rejoindrait jamais. Alors je l'ai emmenée. Loin de Berlin. La Harrison sortait à peine de l'atelier de carrosserie et la météo s'annonçait parfaite pour une décapotable. Nous avons roulé jusqu'à la frontière suisse à une allure folle. La vitesse la rendait encore plus désirable, ma belle secrétaire. Je montais le volume de la radio pour couvrir les râles des cylindres du V8 américain. Le pays sombrait, la guerre nous encerclait, prête à nous broyer et nous dévorer, pourtant nous n'avions jamais été si heureux.

Berne est une ville fantastique. Hors du temps. Hors du réel. Hitler, la Seconde Guerre mondiale, les Juifs… rien de tout cela n'existait ici. La capitale suisse avait su se préserver des fracas du monde avec la délicatesse d'une vieille bourgeoise de province. Savoir détourner le regard au bon moment, s'abstenir de poser les questions qui fâchent, rester dans l'ignorance des crimes les plus abjects, n'était-ce pas là un acte de foi, une farouche volonté de ne rien changer à ses habitudes ? J'admirais cet art de s'attirer les bonnes grâces des puissants, fussent-ils animés des plus sombres pensées. Cela peut sembler immoral, égoïste, pas pour moi. Les dirigeants suisses pensaient avant tout à leurs citoyens. À leur sécurité, à leur bonheur. Le reste ? Juste du bla-bla, de la rhétorique d'utopistes. Dans les rues, chacun vaquait à ses occupations les plus banales, les boutiques regorgeaient de marchandises et de clients, les restaurants affichaient complet tout comme les hôtels, même les agents de la circulation se montraient affables. « Une montre, il vous faut une montre, secrétaire Wang », me lança Frau Langer. Je connaissais la réputation de l'horlogerie suisse et savais que nombre de dignitaires nazis et de diplomates se faisaient livrer directement à Berlin les plus beaux modèles. Mon budget ne me permettait pas une telle folie. Elle me convainquit du contraire. « Vous n'avez qu'une vie... Vous ne reviendrez certainement jamais en Europe, profitez de l'instant, faites-le pour moi... » Je me laissai tenter. Et en achetai deux. Une pour moi et une pour mon épouse. Des modèles très chers. En or. Je les adorais. Elles me seront confisquées quelques années plus tard. Par les Soviétiques. Mais c'est une autre histoire.

Le restaurant que l'on m'avait conseillé était excellent. L'un des meilleurs de la ville. Je n'ai aucun souvenir du menu, en revanche, je peux décrire la robe que portait Frau Langer. Nous l'avions choisie ensemble l'après-midi même chez un grand tailleur de la ville. Mon cadeau d'adieu en quelque sorte. Son corps dégageait une chaleur presque animale, ses bras vigoureux parsemés de minuscules taches de rousseur me troublaient au-delà des mots. Je bus pour me donner une contenance. Peut-être un peu trop. Suffisamment pour ne plus être capable de monter seul jusqu'à ma chambre. Elle m'a bordé puis a refermé lentement la porte derrière elle, me laissant seul avec les volutes de son parfum pour adoucir mes rêves.

Elle est revenue. Moins d'une heure après. Ses cheveux étaient dénoués, des gouttes d'eau perlaient sur ses épaules, elle ne portait plus qu'un chemisier vaporeux. J'en déduisis qu'elle avait pris un bain. Elle marchait sur la pointe des pieds, pensant que je m'étais assoupi. Je ne bougeais pas le moindre muscle, tétanisé par l'émotion. Mes yeux s'étaient habitués à l'obscurité et je parvenais à la distinguer dans le clair-obscur de la pièce. Elle m'a longuement observé, ses mains croisées sur sa poitrine. Elle s'est penchée sur mon front, y a déposé un baiser. Elle a attendu une réaction, un geste de ma part, une invitation. Je suis resté immobile. Alors, elle a quitté la chambre, une seconde fois. Cette nuit-là j'ai pleuré.

Mon départ pour le Mandchoukouo était prévu le 20 juillet 1944. En fin de journée. Une date devenue historique mais pour une autre raison. L'opération Walkyrie… Des Allemands, des officiers de la Wehrmacht principalement, mais aussi des opposants politiques ont tenté d'assassiner Hitler et de renverser le régime nazi. Ils ont été à deux doigts d'y parvenir. L'homme qui a posé la bombe s'appelait Stauffenberg, un jeune colonel. Le Führer n'avait aucune chance d'en réchapper. Théoriquement. Pourtant ce fut un échec. Mais, pendant quelques heures, Berlin s'est retrouvé aux mains des putschistes, les SS arrêtés, Goebbels menacé, tout comme les principaux ministres du Reich. Au milieu de ce chaos, moi je ne pensais qu'à une chose, prendre mon train. Je n'ai pas vu grand-chose de ce putsch. J'ai juste constaté que notre escorte allemande se montrait plus tendue que d'habitude et impatiente de nous voir prendre place dans nos wagons. Je n'étais pas seul à abandonner la capitale. Des diplomates japonais et mon homologue mandchou en poste en Italie m'accompagnaient. En guise d'au revoir, les soldats nous ont prodigué d'ultimes conseils : « Prenez garde aux rafales de mitrailleuses, surtout quand vous traverserez les Balkans. À la moindre alerte, plaquez-vous contre le sol et ne bougez surtout pas ! »

Deux mois plus tard, après avoir traversé la Turquie, le Caucase et la Sibérie, j'atteignais enfin Harbin. Je retrouvais ma femme, mes enfants et mes parents. J'étais heureux.

8.

Enregistrement Wang Tifu, cassette nº 8, mars 2001

À peine avais-je commencé à profiter des miens que les Japonais me réclamaient. En octobre 1944, ils m'ordonnaient de me rendre sur-le-champ au palais impérial à Xinjing, la capitale. Ma femme me proposa de fuir, de me cacher dans les montagnes, la guerre ne durerait plus longtemps, argumentait-elle, les nazis perdent bataille sur bataille, même ici tout le monde le sait, le Japon aussi souffre et les Américains… « Quoi, les Américains ? » Je me moquais d'elle, tu te piques de stratégie militaire, éclaire-moi, comment dois-je agir, ton avis importe tant, voilà ce que je lui répondais. J'étais sot et arrogant. Je la revois devant le portail de notre villa, avec nos quatre enfants l'entourant, comme sur une photo de famille, les deux plus jeunes s'accrochant à ses mains sans savoir s'ils devaient rire ou pleurer. Ce père qu'ils avaient appris à ne pas connaître les abandonnait une fois de plus.

L'officier d'intendance vérifia mon identité. Son air suspicieux m'agaçait. Il se leva et m'indiqua un banc où patienter. Depuis mon arrivée au palais, c'était le troisième contrôle que je subissais. D'abord des gendarmes japonais aux manières brutales et méprisantes, puis un fonctionnaire mandchou débordé et fébrile et pour finir cet employé mutique. Ma joie de retrouver les ors du pouvoir avait disparu. Ne m'étais-je pas jeté un peu trop vite dans la gueule du loup ? Et si ma femme avait raison ? J'observais autour de moi ce flot incessant de civils et de soldats allant et venant d'un couloir à l'autre. Personne ne remarquera mon absence, il est encore temps de disparaître. Mais comment ? Par où m'échapper ? « Il vous attend ! » L'officier se tenait devant moi. Il me fixait avec cette morgue que je connais si bien, celle des médiocres dont le pouvoir n'est que temporaire. D'un bond je me dressai, réajustai ma veste en lin, une veste à l'occidentale achetée en Suisse, la plus belle de ma garde-robe, et le suivis jusqu'à une imposante porte à doubles battants. « C'est votre première fois ? » me questionna-t-il en posant la main sur la poignée. Il comprit que j'ignorais qui m'attendait derrière. Ma naïveté l'a amusé.

À l'intérieur, un homme élégant se languissait, une main négligemment posée sur une authentique chaise du dragon. J'avais déjà vu ce type de chaise en photo dans des magazines, des reportages sur la Cité interdite de Pékin. Je m'étonnai de trouver dans notre capitale cet emblème de la puissance impériale chinoise, cette chaise recouverte de dragons gravés dans le bois.

L'officier s'effaça derrière moi et disparut comme s'il n'avait jamais existé. Mon embarras fut total. Certainement voulu. Était-ce par souci de sécurité ou par jeu – vice ? – que l'on ne m'avait pas prévenu ? Je me trouvais en présence de Sa Majesté Puyi, le descendant des Qing, l'empereur du Mandchoukouo. Une nervosité soudaine s'empara de moi, je balbutiais des formules de politesse, celles apprises à la cour du roi de Roumanie. Mais un roi, ce n'est pas un empereur… Comment devais-je m'y prendre ? Incapable de réfléchir, je me suis tu et me prosternai. Lui s'est contenté de me jauger avec cette pointe de désinvolture qui, je le constaterais plus tard, ne le quittait que rarement. Il portait un costume typiquement anglais, d'une coupe parfaite mais assez peu adapté à une cérémonie protocolaire. Vous savez, ce chic *so british*, à la fois distingué et décontracté. De petites lunettes rondes lui donnaient un faux air de savant. Je remarquai sa maigreur à la limite de l'anorexie. Nous n'avions que cinq ans d'écart – lui étant l'aîné –, pourtant il paraissait si jeune qu'on aurait dit un adolescent. Il prit la parole. Sa voix manquait de coffre, à la limite de l'audible. Puyi possédait ce don regrettable pour un homme de sa stature de n'inspirer aucun respect. Le mystère et la crainte s'effacèrent aussitôt.

La scène ne s'est pas exactement déroulée ainsi.

Attention, je ne mens pas, j'adapte mon récit par rapport à mes interlocuteurs. Je simplifie un peu, parfois. J'ai si souvent raconté cette histoire avec Puyi qu'à force je me suis permis de prendre quelques libertés avec la réalité. Les archives existent et je ne doute pas un instant que vous y aurez accès. Alors, autant jouer franc jeu.

Je me trouvais bien avec Puyi, mais pas seul. D'autres diplomates mandchous m'accompagnaient. Une petite dizaine, pas plus. Ceux récemment rappelés d'Europe. L'empereur nous a congratulés, nous avions travaillé dur pour l'Empire, nous méritions sa reconnaissance ainsi que du repos. Il s'est exprimé avec un tel manque de conviction que j'ai d'abord cru qu'il s'adressait à lui-même. L'officier d'intendance – en fait, il n'était pas parti mais se trouvait en retrait, derrière nous – intervint pour reprendre ses propos, leur donner de l'épaisseur. Puis ce fut tout. Nous avons été invités à nous retirer, nous avons salué, certains murmuraient des remerciements, peut-être que je le faisais aussi, sûrement.

Nous nous sommes revus. En petit comité, cette fois-ci. Puyi et moi, ainsi qu'un conseiller japonais pour nous surveiller. Presque huit mois plus tard, en mai 1945. Entre-temps, à Harbin, j'étais devenu une célébrité. J'organisais des dîners pendant lesquels je projetais mes films sur l'Allemagne et mes voyages en Europe. À Berlin, j'avais acheté une petite caméra, elle ne me quittait jamais. Un bijou de technologie. Le savoir-faire germanique. Mes collègues à l'ambassade se moquaient, ils m'appelaient « Wang le réalisateur », ils savaient qu'à chacun de nos voyages protocolaires j'allais à un moment ou à un autre sortir ma caméra. Je leur répondais que c'était pour mes parents, quand je rentrerais au pays, ces films seraient la preuve de la vie fantastique que j'avais menée. Je n'ai pas regretté mon achat. Mes vidéos, quel succès ! Grâce à elles, la haute bourgeoisie de Harbin me considérait enfin comme l'un des siens. Durant l'hiver 1945, le consul allemand m'a convié à sa table et m'a interrogé sur l'état de son pays. Il ne masquait plus ses craintes d'un anéantissement total du Reich. Mes images des bombardements de Berlin ne le rassuraient pas. Je tentais néanmoins de le tranquilliser, je lui parlais d'Hitler, un chef d'État énergique porté par une vision hors du commun, radicale, je cherchais mes mots, j'évoquais sa force de persuasion inouïe, jamais je n'avais rencontré un tel pouvoir hypnotique… Le consul en avait les larmes aux yeux. « Vous vous êtes entretenu avec lui ? Vous avez eu ce privilège ? » Son exaltation m'incitait à continuer, à lui décrire mon audience avec son maître, je voulais lui être agréable, et puis j'adorais parler allemand, ça me rappelait Frau Langer, Berlin, la chasse, ma Harrison.

Mon père a été le premier à m'informer. Des rumeurs circulaient, les Russes attaqueraient prochainement, avant la fin de l'été. Des troupes se massaient déjà à nos frontières, des tanks, des engins amphibies, des troupes de choc, celles qui avaient brisé les ultimes poches de résistance allemande dans le Caucase. Selon lui, le règne des Japonais touchait à sa fin. Les traîtres seraient jugés et punis. Une liste existait et, naturellement, mon nom y figurait. Je le calmais, qu'avait-on à me reprocher ? J'avais accepté l'argent de l'occupant ?! La belle affaire ! Comme tout le monde. L'agriculteur ne vend-il pas sa récolte aux Japonais ? Le commerçant, le fonctionnaire, le policier, l'enseignant… Tous ont courbé le dos et accepté l'occupation. Qui a pris les armes ? Moi, je me suis révolté, au début, au tout début. J'ai risqué ma peau pour notre pays. Ils me vouent aux gémonies parce que, par mon travail acharné, j'ai su m'élever au rang de diplomate ? Eh bien, j'assume. Je n'en éprouve aucune honte. L'Histoire me jugera, pas les hommes, pas ces gens du commun. Il m'a tapoté l'épaule, mon père, lui savait quel fils j'étais, un bon fils, obéissant, soigneux, respectueux. Ma mère nous écoutait. Elle priait à haute voix, la pauvre femme.

L'Allemagne nationale-socialiste était vaincue depuis une semaine quand j'ai reçu ma nouvelle affectation. C'était le 15 mai 1945. Le ministère des Affaires étrangères du Mandchoukouo m'offrait une promotion, un poste au Conseil d'État. Je devenais le responsable des affaires européennes de l'Empire. Je poursuivais mon ascension sociale à une allure aussi folle que mon cabriolet sur une *autobahn* du Reich. Je me rapprochais du pouvoir, le vrai, celui du gouvernement, pas dans une lointaine ambassade mais au cœur de notre capitale, là où se prennent les décisions, où se joue l'avenir du pays. Je quittai ma famille dans la précipitation en lui jurant de trouver le temps de revenir bientôt, dans une semaine ou un mois, pour le week-end ou des vacances. Les ai-je vraiment regardés ce matin-là ? Ai-je pris le temps de serrer les enfants dans mes bras ? Je ne crois pas. Même mon tout dernier, ce bébé de quelques semaines, une fille, je ne lui ai pas prêté attention. J'avais hâte de rejoindre le palais impérial, de prendre mes fonctions. Comment aurais-je pu imaginer un tel drame ? Que je ne reverrais ma femme, mes deux fils et mes trois filles que onze ans plus tard.

Cette fois-ci Puyi trônait sur sa chaise du dragon. À ses côtés se tenait l'un de ses conseillers japonais. L'empereur m'interrogea comme s'il me rencontrait pour la première fois. Il ne gardait aucun souvenir de notre précédente entrevue. Je le trouvai différent, plus vivant, aimable et même sincèrement soucieux de me connaître. Au début, il ne s'adressait pas directement à moi. Il se penchait vers son conseiller qui me retournait la question. Ensuite je lui répondais. Une vieille habitude impériale chinoise. Puis il cessa ce manège ridicule. Il se leva et s'approcha. « Ainsi vous n'avez que trente-cinq ans… Vous êtes jeune et talentueux… Le premier fonctionnaire mandchou à accéder à un tel âge à un poste de cette importance. » Je l'ai aimé immédiatement. Il semblait réellement fier de moi, moi un sujet de l'Empire, un Mandchou. Je prouvais aux Japonais que le pays pouvait se passer d'eux, qu'il existait des citoyens compétents, honnêtes et fiables. Je m'agenouillai dans un excès d'enthousiasme et lui répétai mon attachement éternel à sa personne et à sa dynastie. Puyi m'invita à me relever : « C'est à moi de vous remercier. Merci du fond du cœur. »

Puyi avait raison sur un point, il ne méritait pas ma gratitude. Il n'était pour rien dans ma promotion. Je la devais aux Japonais. Ceux en poste à Berlin avaient apprécié ma capacité de travail, sûrement aussi mon respect de la hiérarchie. Encore une fois, mon destin m'échappait. Comme en 1932, l'occupant me forçait la main et m'impliquait un peu plus dans ses desseins hypocrites. Il m'avait voulu diplomate, je le fus. Maintenant on me nommait haut fonctionnaire d'un État voué à disparaître. En acceptant, je me marquais un peu plus au fer rouge de l'infamie puisque, de simple pion du gouvernement fantoche, j'en devenais une pièce active.

Le travail ne manquait pas, j'arrivais le premier et ne repartais qu'à la nuit tombée. Nos légations européennes n'existaient plus, même en Espagne, ultime pays d'Europe à ne pas avoir rompu avec nous, notre ambassade avait fermé ses portes. Je ne m'arrêtais pas à cette angoissante réalité et me concentrais sur l'après, je ne pensais qu'à cela, l'avenir me donnerait forcément raison. L'été s'annonçait calme, l'Union soviétique respectait le pacte de non-agression signé avec le Japon et par ricochet avec nous. Les batailles avaient cessé en Europe, Hitler était mort, du moins c'est ce qu'affirmaient les Allemands, suicidé dans son bunker, le Führer. Personne n'avait retrouvé son corps, ni celui d'Eva Braun, son épouse. Je savais tout ça puisque j'étais informé le premier de tout ce qui se passait en Europe. J'en rendais ensuite compte à l'empereur. En principe.

Jusqu'à la première semaine de juillet, le personnel impérial avait maintenu un semblant d'étiquette.

Une ruche en constante agitation avec ses quelque sept cents fonctionnaires. Dont au moins un dixième de Japonais. Puis ce fut la débandade. Les couloirs se vidaient chaque jour un peu plus, le mobilier se volatilisait aussi, il n'était pas rare de croiser des employés les bras chargés de vases, de chaises, de tableaux pour les rapporter chez eux ou les vendre au plus offrant. « Ce sera au moins ça que les Soviets n'auront pas... », m'avait crânement lancé l'un d'entre eux. Qui allait s'opposer à ce pillage ? Les Japonais ne songeaient qu'à sauver leur peau. Et Puyi ? Eh bien, il continuait de signer les documents qu'on lui présentait. Mes rapports, je savais qu'il ne les lirait jamais, d'ailleurs, il ne lisait que très peu, préférant s'en remettre à son valet, un certain Li, un Chinois à son service depuis plus de vingt ans. C'est ce Li qui lui énonçait à haute voix les documents impériaux. Plus pour longtemps. Début août, le valet disparaissait. Envolé, le fidèle d'entre les fidèles. La peur des Russes. L'angoisse de finir en Sibérie. Et pour cause, c'était officiel, Moscou avait changé d'avis et déclarait la guerre au Japon. Ce 8 août 1945, deux jours après la bombe atomique sur Hiroshima, le Mandchoukouo comprenait qu'il vivait ses dernières semaines d'existence. Puyi reçut la nouvelle comme une gifle. Pas celle concernant les Russes, celle à propos de son valet. Li l'avait abandonné. Il fallait le voir, notre empereur, tout bouleversé, il cherchait son domestique, refusant de croire à sa défection. Comment parviendrait-il à se vêtir sans lui, à se chausser, à couper sa viande, à vivre ?... Je m'en moquais pas mal. « Quelles sont nos chances de victoire ? » J'avais réussi à interroger entre deux portes l'un des derniers officiers japonais du palais. « Aucune », me répondit-il aussi posément que si je lui demandais l'heure. J'accusai le coup. « Et notre résistance, notre capacité à combattre, quelle est-elle ? Combien de jours pourrons-nous tenir avant la défaite ? » Son visage portait les stigmates de nombreuses nuits sans sommeil, cette fatigue qui vous creuse les joues et vide le regard. La tête basse comme si elle pesait trop pour son cou, il me conseilla de partir. À l'entendre, ce n'était qu'une question de jours avant que les Russes ne s'emparent du pays.

Tokyo insista pour que « Sa Majesté » quittât le palais et s'éloignât des zones de combat. Puyi ne devait pas tomber aux mains de l'Armée rouge. Chaque heure comptait. L'empereur du Mandchoukouo est pourtant resté. Il n'a pas obéi aux Japonais. Peut-être pour la première fois. Pas par courage, mais par intérêt. Il a tenu bon jusqu'au 11 août. Le temps que le trésor impérial soit chargé dans un train spécial en direction du sud du pays. Sa cupidité lui a coûté la liberté. Il a été capturé quelques jours plus tard alors qu'il s'apprêtait à prendre un avion pour le Japon. Il y croyait encore, persuadé d'échapper à son sort. Dans son esprit, les Américains l'arrêteraient certainement à son arrivée à Tokyo. Au pis, ils le tanceraient, le placeraient en résidence surveillée, rien de terrible. Un empereur, ça se traite convenablement, surtout un double empereur, de Chine puis du Mandchoukouo, le dernier d'une longue et noble lignée. Et puis Puyi n'avait-il pas été lui-même une victime de ce régime japonais ?

De tout son être, il s'était évertué à lutter contre l'envahisseur nippon, le trône du Mandchoukouo, il ne s'était résolu à l'accepter que pour mieux protéger la population, empêcher un massacre. Il avait tout prévu, le joli discours à jouer aux Américains, il le connaissait à merveille. Tout se passerait bien. D'ailleurs ne venait-il pas de retrouver son valet ?! Ce cher Li, ramassé par des troupes japonaises en déroute.

Ce matin du 17 août, Puyi attendait son vol. Un petit avion devait le récupérer. On m'a tout raconté. Des témoins, de vrais témoins. Des deux côtés, de l'empereur et des Russes. Les Japonais avaient prévenu Puyi : « Vous ne pourrez pas tous monter à bord de l'appareil, il n'y a pas assez de places. Il vous faut faire un tri. » Qui abandonner ? Le « Fils du Ciel » n'a pas réfléchi longtemps. Il s'est tourné vers ce qu'il lui restait de famille et de courtisans : ses deux épouses, son frère, ses sœurs, ses beaux-frères, ses neveux et une poignée de serviteurs. Les premières larmes se répandirent, on tenta de le faire changer d'avis, que leur arriverait-il, comment survivre, n'existait-il pas un autre moyen, la moindre chance d'échapper au pire ? Puyi refusait de revenir sur sa décision. Il l'estimait juste et raisonnable. Son choix s'était porté sur son frère, deux beaux-frères, trois neveux, un médecin et bien sûr son valet, Li. Aucune de ses épouses, d'ailleurs aucune femme. L'avion a fini par arriver. Puyi est sorti le premier de l'aéroport et s'est précipité pour embarquer. Étrangement, l'équipage portait des pistolets-mitrailleurs et parlait russe. Le commando japonais avait été capturé. « Au nom de l'Armée rouge, vous êtes en état d'arrestation », lui annonça un officier soviétique sur le tarmac. Le Mandchoukouo venait de perdre son monarque.

Je n'ai pas regretté son sort. Que Staline l'envoie au diable. Son destin ne me concernait pas. Je restais dans la capitale du Mandchoukouo avec la ferme intention de sauver ma peau. Je possédais un atout pour m'en sortir, je m'exprimais parfaitement en russe.

9.

Enregistrement Wang Tifu, cassette n° 9, mars 2001

J'ai appris la nouvelle de l'abdication de Puyi en écoutant la radio des Américains, Voice of America. Je me suis précipité pour prévenir les derniers responsables de l'Empire encore présents, le Premier ministre, le ministre de l'Industrie, le directeur de la police, le maire de la capitale et une dizaine de hauts fonctionnaires. Ensuite, j'ai demandé l'autorisation de me retirer, l'aventure du Mandchoukouo prenait fin pour moi, je les ai salués avec respect et leur ai souhaité bonne chance. « Conseiller Wang, votre tâche n'est pas terminée, nous avons besoin de vous. » C'était le maire qui s'adressait à moi. Il s'avançait en me tendant les mains. « Nous souhaitons vous offrir un poste au conseil municipal. Celui de conseiller spécial. » Je reculais à mesure qu'il se rapprochait. Il se tourna vers le Premier ministre pour le prendre à témoin et reprit :

— Notre empire s'est effondré avec le départ des Japonais, l'Armée rouge ne tardera pas à se saisir de la capitale comme un soudard se jette sur une innocente.

Le chaos se répandra sur nous, sur les citoyens. Vous pouvez nous aider à empêcher le pire.

J'étais bien décidé à cesser ce jeu. Alors, avec fermeté, je repoussai son offre.

— Ma famille m'attend. Je dois la retrouver.

— Réfléchissez. Tant d'existences dépendent de votre réponse.

— Je suis épuisé…

— Nous le sommes tous, conseiller Wang.

— Je suis désolé mais je ne peux…

— Monsieur Wang ! s'est écrié le Premier ministre. Ne refusez pas ! Nous ne pouvons pas nous passer de vous. Les Soviétiques arrivent et aucun de nous ne comprend le russe aussi bien que vous. Vous avez été diplomate dans leur pays pendant trois ans, vous les connaissez, n'est-ce pas ?!

— Je comprends leur mentalité, c'est vrai. Néanmoins, je préfère décliner votre offre.

— N'avez-vous pas de cœur ? a repris le maire. Pensez à ces femmes, à ces enfants qui paieront pour nos erreurs. Nous savons ce que les Soviétiques ont fait à Berlin. Les viols, les meurtres, le pillage généralisé…

— Les Russes refuseront de traiter avec moi si je suis un membre de votre gouvernement ou même un fonctionnaire du Mandchoukouo. Pour eux, je ne serai qu'un ennemi.

— Ne vous inquiétez pas. Ce que vous ne voulez pas faire, à partir de maintenant, plus personne ne vous y forcera. Nous vous présenterons comme notre interprète. Rien d'autre.

J'acceptai.

Le premier Russe qui rencontra le gouvernement provisoire avait la fonction de commissaire politique. C'était à la fin du mois d'août 1945. Il nous exposa les règles, l'Armée rouge prenait le contrôle de la capitale et maintenait pour le moment l'équipe municipale en place. Puis il transmit une série de trente noms, dont celui du Premier ministre. Tous se trouvaient en état d'arrestation. Le soir même, ils étaient envoyés en avion à Chita, dans cette Sibérie qui nous effrayait tant.

Contre toute attente, je ne figurais pas sur cette liste. Je me pris à espérer. Il ne tenait qu'à moi d'inciter les Russes à me garder auprès d'eux, les convaincre de mon utilité. Je ne les ai pas déçus. Les manifestations antisoviétiques qui éclataient dans la ville, je les ai étouffées dans l'œuf chaque fois. Je savais trouver les mots pour calmer la colère de la population. Comme ce jour où, par centaines, les habitants de la capitale s'apprêtaient à pénétrer dans l'ex-palais impérial pour le mettre à sac. J'imaginais aisément ce qu'il en découlerait : les troupes soviétiques tireraient dans la foule, le massacre provoquerait une réaction en chaîne, la révolte se propagerait aux campagnes et le sang des Mandchous se répandrait de nouveau. Je connaissais les meneurs. Je leur ai parlé. Soyez patients, n'offrez pas vos vies à ces étrangers qui occupent nos terres. Bientôt, ils repartiront. Alors il sera temps de se battre pour reconstruire notre nation. J'ai dit ça. Surtout, j'ai distribué des billets, des yuans du Mandchoukouo, ceux avec la tête de Confucius dessus et la signature de Puyi. Ils ne valaient plus grand-chose, à peine de quoi se nourrir, mais cela a suffi.

Le chef de la sécurité soviétique appréciait mon travail. Il me conviait régulièrement pour partager son repas. Nous devisions ensemble sur l'avenir du pays. Il s'appelait Goliov. Sa vareuse de campagne – elle avait fait Stalingrad, m'a-t-il affirmé un jour, non sans une certaine fierté – portait les larges étoiles dorées du grade de général. « Continuez à nous servir avec la même efficacité et vous verrez à quel point l'Union soviétique sait se montrer reconnaissante. » Un mois plus tard, il me convoquait. Une mission, pas n'importe laquelle, une de la plus haute importance. Moi seul saurais la mener à bien, prétendait-il. Il y mit les formes pour me convaincre. Il dit qu'il n'ignorait pas que l'on me demandait là un sacrifice considérable, néanmoins ma récompense n'en serait que plus mémorable. Le général Goliov avait reçu l'ordre d'expulser en Russie, vers des camps du Goulag, d'anciens dirigeants du Mandchoukouo. Encore. Il préférait éviter l'usage de la force. « Nous savons où ils se terrent. Demandez-leur de se rendre pacifiquement. Dites-leur qu'ils ne craignent rien. Nous ne sommes pas des monstres, nous souhaitons juste leur offrir un petit séjour de rééducation politique en Union soviétique. Rien de bien méchant. Ils ont choisi le camp du fascisme, à nous de les remettre sur la bonne voie, celle du communisme. Si vous y parvenez, vous ferez de moi votre débiteur. » J'ai refusé. Aimablement. Goliov ne semblait pas surpris. Il sortit une lettre de sa poche, la déplia avec précaution pour ne pas la déchirer, la qualité du papier de l'armée russe était réputée pour sa médiocrité, et me la tendit. « Lisez ! »

ordonna-t-il. Il s'agissait d'une liste de personnalités liées à l'empire de Puyi. Des ministres, des fonctionnaires de premier plan, des subalternes également, en tout plus d'une centaine de noms. La plupart avaient disparu depuis plusieurs semaines, transférés vers des lieux secrets en Union soviétique. « Vous vous y trouvez, mon cher Wang Tifu. En bonne et due place. » J'ai dû m'asseoir pour ne pas tomber. J'aurais souhaité mieux me contrôler, rester digne, ne pas lui offrir cette satisfaction.

— Vous tenez un rapport confidentiel dressé par nos services de renseignement. J'ai décidé de ne pas en tenir totalement compte. Je vous en ai exclu.

— Merci, camarade général, m'empressai-je de lui répondre.

— Pour l'instant j'ai besoin de vous, reprit-il, l'air sévère. Faites-en sorte de ne pas me faire changer d'avis…

Je les ai tous convertis, ces ministres et autres dignitaires de l'Empire. En seulement quelques jours. Dont le maire de la capitale. Celui-là même qui m'avait offert un poste d'interprète juste après la défaite. Le brave homme n'y a pas cru, à cette fable de rééducation mentale. Son épouse m'a craché au visage, me traitant de laquais, je ne possédais selon elle aucun honneur. Elle me prophétisa une fin misérable, « vous nous rejoindrez bientôt, n'en doutez pas un instant ».

Comme promis, une récompense m'attendait. Pour service rendu à la glorieuse Armée rouge. Goliov me serra virilement dans ses bras et me tendit un verre d'alcool. Je ne le bus pas, je n'aime pas ces alcools blancs juste bons à vous plonger dans l'ivresse. « La ville a perdu son maire, commença-t-il en tournant autour de moi, ce qui n'est pas sans me placer dans une situation très inconfortable. Une si grande cité a besoin d'être correctement administrée. Il lui faut un nouveau maire. Et ce sera vous ! »

Ma collaboration avec les Russes prenait une nouvelle dimension, plus officielle, plus préjudiciable. Les Japonais ne s'y étaient pas pris autrement, ils m'avaient compromis en me nommant conseiller du gouvernement juste avant la chute du régime. Cette fois-ci, il fallait que je tienne bon, que je trouve un moyen d'échapper au piège mortel de Goliov. J'acceptai. Le général était ravi. Comment dirige-t-on une ville de près de un million d'habitants ? Et les fonctionnaires ? La police ? Les écoles ?... Je ne cachais aucune de mes incompétences, les amplifiais avec soin, la diplomatie, ça oui, c'était mon domaine, mais gérer une ville, je n'avais jamais fait. Quelques jours plus tard, c'est lui qui changea d'avis. « Connaîtriez-vous quelqu'un pour ce poste ? » me demanda-t-il. J'avais gagné.

J'avais perdu.

L'imbécile ! Penser que les Russes tiendraient leur parole ? Étais-je niais à ce point ? Début novembre 1945, déjà deux semaines sans aucune nouvelle de Goliov. Un silence plutôt inhabituel. Cela coïncidait avec l'arrivée dans la ville de représentants du

Kuomintang, le parti nationaliste chinois dirigé par Tchang Kaï-chek. Ces derniers prétendaient incarner le pouvoir légitime sur tout le pays et, à ce titre, désiraient entamer des négociations pour récupérer le territoire mandchou. Les Russes les ont poliment reçus, écoutés puis ils ont répondu que, eux, ils pariaient sur Mao. J'avais servi d'interprète au cours des premières réunions. Le commandant du Kuomintang en avait profité pour me proposer discrètement de rejoindre leurs rangs. « Espionnez les Russes, aidez-nous à réunifier la Chine et votre passé projaponais sera à jamais oublié. » Une nouvelle lueur d'espoir scintillait. Enfin retrouver ma dignité. Chinois, Mandchous, après tout, nous étions les mêmes, presque les mêmes. Rien à voir avec les Russes ou les Japonais. Ceux-là, qu'ils pourrissent en enfer !

C'est arrivé le 5 novembre 1945. Je travaillais dans mon petit bureau de la mairie centrale quand un sous-lieutenant de l'Armée rouge s'est présenté. « Directeur Wang, notre commandant requiert vos services. Vous devez rejoindre le maire de la ville au square Datong pour l'assister lors d'une cérémonie officielle. » Une jeep russe m'attendait, a-t-il ajouté en m'enjoignant de le suivre. Dans le couloir, je me suis rendu compte que je ne portais qu'un coupe-vent trop léger pour le froid hivernal, j'ai demandé un instant, qu'il me laisse prendre un vêtement plus adapté. Le soldat me pressa, « le temps nous manque, nous vous prêterons l'une de nos vestes, elles sont doublées en laine de mouton ». J'avais remarqué ces manteaux sur les sentinelles, celles qui surveillaient les sites stratégiques la nuit ; c'est vrai que ces parkas semblaient particulièrement chaudes. J'acceptai. Le conducteur a démarré en trombe. Nous avons rapidement rejoint le square Datong. Je m'étonnais de n'y trouver aucun rassemblement officiel, juste quelques couples pressés de s'abriter du froid. Je m'apprêtais à en faire la remarque au chauffeur mais celui-ci ne s'arrêta pas. D'un coup de volant sec, il bifurqua en direction du poste de police militaire soviétique. Les grilles se sont ouvertes sur un coup de klaxon, nous laissant passer pour ensuite se refermer. « Wang, descends de la voiture ! » Plus de « Directeur », juste un « Wang » et un tutoiement méprisant. Un commandant est sorti du bâtiment et m'a chaleureusement accueilli. Sa main large et ferme a avalé la mienne et l'a secouée avec vigueur. Ce type avait des bras comme des bûches et un cou si court qu'on aurait cru que sa tête était posée directement sur ses épaules. Il affichait cette bonhomie que l'on offre à un ami cher. Sauf que je ne connaissais pas cet homme. Je commençais à me plaindre des manières du chauffeur, mais il ne me laissa pas le temps de finir, « il fait si froid, dépêchons-nous, si vous voulez bien vous donner la peine, directeur Wang… » Sans que je m'en rende compte, nous nous trouvions à présent dans un hall, au rez-de-chaussée. Je continuais à l'interroger sur l'objet de ma convocation. Il souriait, je le saurais bientôt, trois fois rien, il formulait des phrases courtes, neutres, d'une voix aimable. Il me poussa légèrement dans le dos pour entrer dans une petite pièce. J'aurais dû me méfier.

Ce n'était ni un bureau ni une salle de réunion. On aurait dit une chambre. Il y avait une chaise, un lit, mais pas de fenêtre. Je me suis tourné vers l'officier, celui-ci avait perdu son sourire. Il a regardé sa montre et m'a prévenu : « Monsieur Wang, nous sommes le 5 novembre 1945, il est trois heures de l'après-midi, le mandat du Tribunal militaire spécial de Moscou vient de débuter. Vous êtes officiellement en état d'arrestation. »

Au début j'ai cru à une erreur. Ou à un coup de bluff de Goliov. Il avait appris pour le Kuomintang, forcément, ses services de renseignement, rien ne leur échappe. J'avais baissé ma garde un peu trop vite, néanmoins il a encore besoin de moi, mes traductions, mon influence auprès de l'élite mandchoue, mon talent pour calmer les opposants, je vais m'excuser, lui promettre une fidélité absolue, les nationalistes chinois, c'était une erreur, le communisme voilà l'avenir, avec les Soviétiques bien sûr, et Mao aussi, d'ailleurs il va la gagner, cette guerre contre Tchang Kaï-chek, pourvu qu'il me pardonne, Goliov, général Goliov, mon ami. Vers dix-huit heures, la porte s'est ouverte. Un sous-officier est entré. On me libère, enfin ! Merci. Vous avez eu raison de me punir, je le méritais. La leçon, je ne l'oublierai pas, ah ça non, jamais. J'allais dire tout ça quand j'ai vu la blouse blanche derrière lui. Une femme entre deux âges, grasse, aux joues barrées de couperose, témoignage d'années de températures polaires et d'abus d'alcool fort. Elle tenait une gamelle ainsi qu'une tasse de thé. La cantinière posa mon repas directement sur le lit puisqu'il n'y avait pas de table. J'ai compris tout de suite que mon séjour dans cette cellule risquait de durer. Néanmoins, on me gâtait. De la viande bouillie, des pommes de terre et deux tranches de pain. Un traitement royal ! Tu parles... Une belle mascarade ! Que l'on m'abatte tout de suite, là, comme un chien, puisque Goliov ne viendra pas. Il ne me sauvera pas, il n'en avait jamais eu l'intention. Depuis le début, on m'avait dupé.

Je me suis levé, j'ai regardé la nourriture, j'aurais pu la jeter contre le mur, provoquer ce soldat, le forcer à sortir son arme et faire feu. Je me suis contenté de repousser l'assiette. Le sous-officier a soupiré. Il a demandé à la femme de nous laisser. « Il faut manger, vous aurez besoin de toute votre énergie pour tenir le coup. » Ce petit ton affecté, je le connais, le lieutenant Namora me l'avait servi près de quinze ans plus tôt. Le Russe a attrapé la chaise et s'est assis. « À quoi vous attendiez-vous ? Vous saviez que votre nom figurait sur notre liste noire et pourtant vous êtes resté bien sagement, persuadé que toutes vos saloperies, on les oublierait. Votre cas était tranché depuis longtemps. On vous a laissé en liberté parce qu'on avait besoin de vous. Mais aujourd'hui c'est terminé. »

Il restait une semaine avant mon évacuation vers l'Union soviétique. Qui pouvait encore me tirer de ce guêpier ? Les hommes de Tchang Kaï-chek ? Ils étaient repartis se battre contre les troupes de Mao. Ma famille ? Impossible. La résistance mandchoue ? Elle n'existait pas. Et quand bien même y en aurait-il eu une qu'elle aurait davantage cherché à m'éliminer, moi le traître, le collabo. « Vous partirez pour Chita, puis vers une destination secrète, dans les montagnes en Sibérie ou dans les steppes du Kazakhstan. » Le sous-officier m'avait prévenu, je connaîtrais des moments difficiles, je découvrirais de nouveaux horizons à la douleur, « mais vous êtes encore jeune, en pleine santé, vous survivrez à ces quelques années. Quand vous reviendrez en Chine, le pays aura changé, le communisme aura reconstruit votre société, vous verrez, tout se passera bien ». Si seulement j'avais pu fracasser son crâne, arracher sa langue, effacer de son visage cette écœurante expression fraternelle, mais qu'il se taise bon sang ! Sa pitié m'insultait. Je ne tiendrai pas, je ne tiendrai pas, cette phrase je me la répétais en boucle, elle me rassurait, réchauffait mon âme, cette âme si sombre, forcément sombre sinon pourquoi les dieux s'acharneraient-ils depuis si longtemps ?

Mais cette fois, j'étais résolu à agir. J'allais m'évader pendant mon transfert jusqu'à la gare. Les gardiens m'avaient prévenu, nous serions une dizaine de détenus à partir pour la Russie. Tous d'anciens notables, des ministres. Je sais comment ça se passe. Ils nous font monter dans un camion, deux soldats nous accompagnent et une voiture nous suit. Il me suffirait de sauter du camion en marche. C'est risqué, mais si les autres prisonniers en font autant, ce sera la pagaille, la panique. Les soldats ne pourront pas tous nous rattraper. Je connais parfaitement la ville, je trouverai un endroit où me cacher. Ensuite je fuirai dans les campagnes, je retrouverai mes parents, ils protégeront leur fils, leur petit, tellement las et effrayé. Et puis, si j'échoue, si on me capture, je résisterai, je leur montrerai comment un Mandchou sait mourir, digne et libre.

Les autres prisonniers n'ont pas osé. Ces messieurs des ministères, trop gros, trop lâches, trop vieux, préféraient la Sibérie. « Quelques mois, tout au plus, à subir la rééducation politique des Soviétiques, qu'est-ce que c'est après tout, m'ont-ils dit. Tout ira bien, on en a vu d'autres. Vous voulez sauter du camion ? Allez-y, cassez-vous le cou si vous y tenez, nous, nous restons. » Ils m'ont convaincu. Du moins, j'ai fait semblant de l'être. Si je ne m'évadais pas, ce n'était pas ma faute, mais celle de ces barbons. Je crois que ça m'arrangeait.

Nous sommes arrivés à Chita au terme d'un éprouvant voyage dans des wagons à bestiaux. Ils nous ont débarqués de nuit pour que la population locale ne puisse nous voir. Nous avions cessé toute existence officielle.

Nous devenions des fantômes.

Annexe G

Archives militaires russes.
Moscou.

« Dossier de la justice militaire du prisonnier Wang Tifu.
25 février 1949.
Document non déclassifié.

Le 5 novembre 1945, le fonctionnaire du ministère des Affaires étrangères du Mandchoukouo Wang Tifu a été arrêté par le service de contre-espionnage (SMERSH), unité du district militaire Transbaïkal-Amour.

L'enquête préliminaire a démontré que Wang Tifu avait travaillé de 1933 à 1936 comme secrétaire du consulat du Mandchoukouo à Chita (Sibérie) et collecté pour le compte du Japon des informations sur les secteurs économiques de l'Union soviétique.

De 1938 à 1944, il a servi de secrétaire et d'interprète auprès de l'ambassadeur du Mandchoukouo à Berlin.

De juin 1945 à août 1945, il a officié comme 3e secrétaire du conseiller du Premier ministre du gouvernement du Mandchoukouo.

Wang Tifu est arrivé en juin 1946 dans le camp n° 99 du ministère des Affaires intérieures de l'URSS. Des documents ont été réunis confirmant les activités de renseignement de Wang Tifu contre l'Union soviétique quand il était en poste comme secrétaire au consulat du Mandchoukouo à Chita (Sibérie).

À l'heure actuelle, une enquête est en cours pour renvoyer l'affaire devant une section spéciale du ministère des Affaires intérieures de l'URSS. »

10.

Enregistrement Wang Tifu, cassette n° 10, mars 2001

Je ne suis pas resté longtemps en Sibérie. Dès le mois de mai 1946, on m'a transféré vers la république soviétique du Kazakhstan. Dans le camp numéro 99. J'en déduisis qu'il y en avait au moins 98 autres dans toute l'Union soviétique. Je dis « au moins » puisque rien n'indiquait que le camp numéro 99 soit le dernier dans son genre. Après tout, peut-être que, quelque part dans cet empire russe gigantesque, se cachait un camp numéro 150, voire 200. J'apprendrais bien plus tard mon erreur, ce n'étaient pas deux cents camps que comptait le pays. Au moment de la mort de Staline en 1953, il y en avait plus du double.

Dans un premier temps, quand on nous a prévenus de notre déménagement vers le Kazakhstan, j'avais cru à une bonne nouvelle : terminé le froid polaire, les montagnes menaçantes, les forêts de résineux aux épines si dures qu'elles traversent les semelles et meurtrissent les pieds, les marais transformés au printemps en cloaques envahis d'insectes dévastateurs.

Les steppes d'Asie centrale, je les imaginais chaudes, douces comme la caresse d'un vent d'été, aussi inspirantes qu'un poème persan. Je me souvenais des routes de la soie, des caravanes de chameaux de la Bactriane, de Marco Polo, des nomades mongols, d'Ogotaï, de Tamerlan. Une terre taillée pour les conquérants, les aventuriers, une terre que l'homme n'a fait que traverser sans oser s'y arrêter, et pour cause. Si les trois mois d'été offrent un climat tolérable avec des températures dépassant rarement les trente degrés, le reste de l'année rendrait le climat sibérien presque enviable. La notion de froid y prend une nouvelle signification, celle d'éternité. Six mois par an, on y vit sous un gel permanent, de la neige, du blizzard. Les tempêtes y sont tellement puissantes qu'elles y façonnent à leur gré le paysage, réduisant la végétation à son expression la plus embryonnaire, des broussailles, des arbustes chétifs, quelques ronces, un spectacle de désolation.

Le camp numéro 99 se cachait à une cinquantaine de kilomètres au sud-ouest d'une cité minière, la sinistre Karaganda. Une ville créée de toutes pièces en 1934 sur décision du Kremlin. Les géologues russes y avaient découvert d'énormes gisements de houille et de cuivre, suffisamment pour justifier l'envoi et donc le sacrifice de milliers de travailleurs soviétiques. Très vite, les volontaires ont manqué. Moscou s'est alors souvenu qu'il disposait d'un vivier inépuisable d'ouvriers : les bagnards. Les premiers mois de mon incarcération, comme tous les nouveaux, j'ai douté de moi-même. J'étais persuadé que mon corps ne résisterait pas. Les corvées, je m'y pliais, je vous assure, je ne tirais pas au flanc, mais rien n'y faisait, mes muscles fuyaient sous ma peau comme autant de petits serpents effarouchés, mes doigts en sang, les ongles écorchés à force de ramasser cette roche tranchante, ne m'obéissaient plus. Trop lent, maladroit, je ne servais à rien. Les autres prisonniers me bousculaient, se moquaient parfois, ils étaient forts, ah ça oui, ils soulevaient sans la moindre grimace des charges à se briser le dos. Moi, il ne me restait plus qu'à attendre la mort. À ce rythme, elle ne tarderait pas. Je m'explique, les camps suivent cette règle élémentaire qui régit la société soviétique : le productivisme. Le Politburo exige de tous les citoyens un dévouement total à la construction économique du pays. Les prisonniers n'y échappent pas. Pour les stimuler, le Goulag avait inventé un système redoutable : ceux qui travaillent mal mangent moins. Les plus zélés, les plus efficaces, eux, ont droit à un petit salaire, une récompense, pas grand-chose, quelques dizaines de roubles par mois, assez pour acheter un gros pain blanc. Et survivre un mois de plus. Évidemment, un incapable, un parasite comme moi ne recevait rien. Pas un kopek. Je devais me contenter des deux maigres repas quotidiens, un brouet saumâtre à base de céréales et une soupe de pommes de terre. Trop peu pour supporter l'hiver. Je dépérissais inéluctablement.

Les *zeks* – c'est le terme russe pour désigner les détenus – étaient répartis en quatre catégories suivant des critères physiques. Les deux premiers niveaux correspondaient aux hommes aptes aux tâches les plus rudes, le troisième regroupait les faibles. Quant au quatrième, on y déversait les vieillards et les handicapés. On m'avait placé dans la catégorie numéro trois. J'ai vite compris qu'il fallait que je sorte de ce système, que je me rende indispensable, unique, que je crée de toutes pièces une exception dont je serais le seul bénéficiaire. Le camp 99 accueillait environ huit cents *zeks* dont une majorité d'anciens soldats et fonctionnaires des puissances de l'Axe. Surtout des Japonais, mais aussi des Allemands, des Italiens et quelques Mandchous. Aucun ne parlait correctement le russe. J'avais constaté à plusieurs reprises la difficulté des gardiens à se faire comprendre. Ils s'agaçaient de ces hommes incapables d'obéir aux ordres les plus simples. Mais moi je parlais et russe et allemand et japonais. Je me suis débrouillé pour que le directeur du camp l'apprenne. Quelques jours plus tard, il me nommait chef d'équipe d'un groupe de trente types de la catégorie numéro un. Un plus gros salaire, moins d'efforts, je gagnais en confort de détention ce que je perdais en estime de mes camarades de prison.

Ce répit ne fut que temporaire.

Le liseré bleu sur son uniforme ne m'était pas inconnu, il indiquait son appartenance au MVD, la toute-puissante police politique de l'Union soviétique de l'époque. Moscou l'avait envoyé ici juste pour moi, dans ce cul-de-basse-fosse de l'éden communiste. Je me tenais debout, parfaitement droit, depuis une bonne dizaine de minutes. Il consultait des documents, raturait des passages, en annotait d'autres. Bien sûr qu'il ne m'a pas proposé de m'asseoir, il était le chef, lui le petit lieutenant, si jeune pourtant, avec sa peau toute fraîche, toute blanche, presque adolescente. On avait dû lui apprendre ça à l'école de police, montre au prisonnier qu'il n'est rien, méprise-le, brise-le d'emblée. J'ai vécu ça plusieurs fois, mon ami. Tu perds ton temps avec moi. Je ne suis pas assez bien pour le mobilier minable de ton bureau ?! Ça me va. J'ai tout mon temps. Un subalterne lui apporta du café. L'odeur me fit vaciller. Je n'en avais plus bu depuis mon arrestation en novembre 1945. Combien de temps cela faisait-il ? Je tentai de calculer. J'aurais voulu lui poser une question anodine, « quel jour sommes-nous ? », mais c'était impossible, je n'étais plus un homme, je ne parlais que pour répondre, pas pour interroger. « En ce 25 mai 1946... », commença-t-il sans me regarder.

Mai 1946, le 25, j'attrapai l'information au vol avec le même enthousiasme qu'un chasseur de papillons pour une espèce rare. À peine huit mois de détention ! Je n'en revenais pas.

— Vous parlez russe... C'est écrit dans votre dossier.

— C'est exact...

— Vous vous exprimerez quand je vous y autoriserai, me coupa-t-il avec agacement. Ce n'était pas une question, juste un constat.

Il reprit.

— Je suis le lieutenant Matveyev, le ministère des Affaires intérieures m'a chargé d'enquêter sur vos crimes.

Il marqua une pause pour observer ma réaction, puis continua.

— Vous êtes soupçonné d'espionnage. Comprenez-vous ce que je viens de dire ?

— Je comprends.

— Vous avez réussi à vous faire nommer chef d'équipe au sein du camp numéro 99. Est-ce exact ?

— C'est exact.

— Ce poste de chef d'équipe vous donne droit à une certaine liberté dans vos allées et venues dans le camp. Vous confirmez ?

— Je confirme.

— Ainsi vous pouvez vous entretenir avec des prisonniers de l'ancien gouvernement du Mandchoukouo. Je me trompe ?

— Vous ne vous trompez pas, je peux, potentiellement, m'entretenir avec…

— Wang Tifu, vous êtes soupçonné de tentative de subornation de témoin… Par conséquent, vous serez placé à l'isolement avec interdiction de tout contact avec des détenus japonais et manchous.

— Mais, lieutenant…

— Vous pouvez disposer.

Annexe H

Archives militaires russes.
Moscou.

« Rapport de l'enquêteur principal du département opérationnel du MVD, ministère des Affaires intérieures de l'URSS.
25 mai 1946.
Document non déclassifié.

Le prisonnier Wang Tifu du camp n° 99 du centre carcéral de Karaganda en république socialiste soviétique du Kazakhstan est soupçonné de crime d'espionnage. Compte tenu du fait que Wang Tifu a tenté de se soustraire à l'enquête le concernant et d'en influencer les conclusions, il a été DÉCIDÉ: d'interdire à Wang Tifu toute liberté de mouvement à l'intérieur du camp n° 99 ou de tout autre camp si le prisonnier venait à être déplacé.

En conformité avec le Code de procédure pénale de la république socialiste fédérative soviétique de Russie (RSFSR).

Signé du lieutenant Matveyev »

11.

Enregistrement Wang Tifu, cassette nº 11, mars 2001

Le lieutenant Matveyev a tenu parole. Dès le lendemain, on m'a réaffecté avec les autres détenus dans les mines. Puis ils se sont mis en tête de me changer de camp régulièrement. Tous les deux ou trois ans. Au bout d'un certain temps, ils se sont lassés de moi. L'administration du Goulag réalisait que j'étais inoffensif et surtout inefficace. Alors, lentement, j'ai glissé jusqu'à la catégorie numéro quatre, celle des invalides, des estropiés, des presque morts. Ça m'allait bien. Contre toute attente, je parvenais à glaner quelques pièces ici et là en rendant des menus services, je coupais les cheveux, je réparais les chaussures, parfois je cuisinais. Je savais tout préparer, du chien, du chat, des rongeurs et même du serpent. En 1953, Staline est mort. L'information nous est parvenue avec plusieurs semaines de décalage. On a tous fêté la disparition du tyran. L'espoir renaissait. Le pays va changer, le règne de la violence et de l'arbitraire cesserait bientôt.

Était-ce un simple hasard ou encore l'un de ces tours vicieux du destin, quelques jours plus tard, un officier du MGB, l'ancêtre du KGB demandait à s'entretenir avec moi.

J'arrivais tout juste des cuisines. Mes mains poisseuses d'huile empestaient l'oignon. Une odeur entêtante se diffusa dans toute la pièce. Je cachai mes mains dans mon dos et présentai mes excuses. L'officier renifla, ça ne le gênait pas, répondit-il, au contraire, il adorait les oignons, surtout frits, sa mère lui en préparait enfant. Je me détendis. Son babillage me mettait en confiance, je me pris à croire qu'il allait m'annoncer une bonne nouvelle, normal pour un prisonnier modèle comme moi, Moscou s'était rendu compte de mes efforts et acceptait de me libérer. Retour en Chine, monsieur Wang, toutes nos excuses, une erreur, dramatique erreur, Staline, il vous en voulait, personnellement, lui vivant, on ne pouvait vous relâcher, mais c'est terminé, le cauchemar prend fin, on vous ramène chez vous, en Chine, faites vos bagages, vous partez dès ce soir.

— J'ai un marché à vous proposer.

L'officier sortit un dossier de sa sacoche.

— Notre enquête à votre sujet est close. Enfin presque close. Il ne tient qu'à vous que tout cela se termine.

On y arrivait. Ma libération.

— Il vous suffit d'admettre que vous avez été un espion pour les Japonais et nous refermerons définitivement la procédure.

— Vous m'autoriserez à rentrer chez moi, à la maison ? lui demandai-je en essayant de rester calme.

— Admettez-le et vous n'entendrez plus jamais parler de moi.

— J'ai été trompé par les Japonais, par les Allemands, par vos collègues, ceux du temps du NKVD et du MVD ou que sais-je encore. Sans oublier les Chinois du Kuomintang. Qu'est-ce qui me dit que vous n'en ferez pas autant ? Je ne vous connais pas.

— Je ne vous demande pas de me croire. Vos doutes ne me concernent pas. Je vous accorde une heure pour me communiquer votre réponse. Ensuite ce sera trop tard. Mon vol pour Moscou est prévu dans l'après-midi.

Il a commencé à remballer ses affaires et à faire mine de se lever.

— Attendez, ai-je dit en lui barrant le chemin. Je veux bien l'avouer, j'ai été un espion pour les Japonais quand j'étais en poste en Russie, à Chita, quand j'étais à Berlin aussi. Mais pas plus que les diplomates soviétiques, ceux que j'ai croisés dans les cocktails de la chancellerie du Reich. Ils s'y pressaient tous. Enfin, jusqu'en juin 1941... Reconnaissez-le et j'en ferai autant.

Il ne s'attendait pas à une telle requête. Pourquoi insistais-je tellement ? Qu'est-ce que cela m'apportait ? Je ne sais pas, me sentir moins seul peut-être, d'autres que moi avaient espionné, rendu des services, obéi aux ordres.

Il a réfléchi, regardé sa montre puis autour de lui. Nous nous trouvions seuls, personne pour nous entendre. Il a allumé une cigarette et, en recrachant la fumée, il a soupiré d'un air détaché :

— Après tout, pourquoi pas… Si vous voulez.

J'ai rédigé ma confession. J'acceptai l'accusation d'espionnage. Il a recueilli mes empreintes digitales et m'a indiqué où signer ma déposition.

Puis il m'a remercié. Il irait remettre son rapport à Moscou et reviendrait. Très vite.

Quand ?

Une semaine. Deux. Au maximum.

Dix jours plus tard, je l'ai retrouvé dans la même salle. Je ne sentais plus l'oignon. J'avançais d'un pas léger, le bonheur au bord des lèvres. Le directeur du camp se tenait à sa droite dans son uniforme de gala, celui avec les médailles, dont celle gagnée à Leningrad en 1943 pour avoir résisté au siège des nazis. Tout ce cérémonial pour moi, pour ma libération, quel honneur. Je m'apprêtais à leur faire la remarque, mais je compris que l'instant devait rester solennel. L'agent du MGB s'est mis à lire un document en gonflant sa voix comme s'il s'adressait à une foule immense dans un stade. Il s'agissait du compte rendu du tribunal militaire de Moscou. Un texte court et tranchant comme la lame d'un poignard : « Conformément à la loi, le dénommé Wang Tifu est condamné pour crime d'espionnage à vingt-cinq ans de camp de travail. Cette sentence débute à la date de son arrestation. »

Le calcul fut rapide. J'ai été arrêté en novembre 1945, ma libération n'arriverait donc qu'en… 1970. Soit dans dix-sept ans. J'aurais alors cinquante-neuf ans !

J'ai éclaté de rire.

Il fallait les voir, tous les deux, le directeur tout raide avec son gros ventre qui lui éclatait la chemise et le tout petit officier du MGB, si maigre, si sec, on aurait dit un raisin déshydraté. Ils ne s'attendaient pas à ça, pas à me voir hilare. Je ne m'arrêtais plus. Leurs mines, toutes contrariées, vexées, une minute plus tôt elles affichaient l'arrogance des puissants, « regarde-nous homme de peu, nous incarnons la justice de la grande Union soviétique, nous décidons de ton sort et nous te condamnons. Incline-toi, pleure, gémis, nous resterons inflexibles ». Eh bien non, je ne vous implorerai pas, messieurs. Vous avez terminé ? Je peux repartir ? Le directeur s'est tourné vers l'officier, il s'excusait maladroitement, il se sentait responsable, après tout n'étais-je pas l'un de ses prisonniers ?! L'autre hésitait. Sidéré de la tournure que prenait ma santé mentale, il me demanda si j'avais saisi le contenu du jugement. Il insistait, voulait savoir si moi l'Asiate, l'Oriental, j'acceptais mon sort, vingt-cinq ans de camp ici, sur cette terre stérile, impropre à la vie humaine. Vingt-cinq ans pour avoir fait quoi ? Quel terrible crime ai-je commis ? Avoir été le pion des Japonais ? C'est bien cela, n'est-ce pas ?!

Je me suis approché de lui. « Pourquoi ne vous aurais-je pas compris ? Mon russe est parfait », lui ai-je chuchoté comme on le fait pour révéler un secret, « meilleur que le vôtre. Votre accent, vos fautes de grammaire, vous n'êtes pas d'origine russe. Ukrainien, je parie. » Il recula, visiblement effaré. Le directeur s'interposa, me rappela à la raison, « allons, allons, maître Wang – on me donnait du "maître" dans le camp depuis quelques années déjà –, laissez le camarade officier tranquille, il n'y est pour rien». Moi, je ne l'entendais plus. Je continuais, je ne le lâchais pas, mon bourreau moscovite, «vous saviez quand on s'est vus, vous vouliez ma confession pour boucler votre affaire, pour la rendre irréprochable, mais en fait, j'étais condamné depuis le début. Allez, avouez!!!» J'ai arraché le compte rendu du jugement de ses doigts. Mon jugement y était inscrit en toutes lettres, vingt-cinq années, espionnage, le tampon rouge avec la faucille et le marteau, mais je cherchais autre chose, la date... Quand mon sort avait-il été scellé? La voilà, ma réponse, devant mes yeux, ma peine avait été validée cinq ans plus tôt, le 12 novembre 1948. Mes aveux n'avaient servi qu'à prouver que la justice du peuple respectait les règles et ne condamnait que des coupables. J'ai demandé au directeur l'autorisation de sortir. Je me sentais soudain si vieux, si fatigué. Offensé, l'envoyé du Kremlin m'a suivi. Sa voix montait dans les aigus. «Nous vous laissons le droit de vivre, prisonnier Wang. Estimez-vous heureux que votre procès ait eu lieu en 1948...» J'ai franchi la porte pour ne plus l'entendre, qu'il se taise, que l'on me laisse seul. Mais il continuait, il reprenait confiance, c'est lui qui aurait le dernier mot, il y tenait, «vous êtes un sacré veinard de pouvoir encore respirer, de jouer les matamores». Je marchais de plus en plus vite, je me trouvais au milieu de la cour maintenant. Il ne me lâchait pas, armé de son bout de papier comme s'il s'agissait d'un texte sacré auquel nul ne pouvait se soustraire, il a hurlé : «Vous êtes un espion,

Wang Tifu, c'est écrit ici ! Jusqu'en 1947, les espions, on les exécutait, dans ce pays. Vous m'entendez, à un an près c'était une balle dans la nuque. Alors, profitez de chaque instant de cette vie que l'on vous offre. Profitez-en ! Savourez la mansuétude de la glorieuse Union soviétique ! »

Annexe I

Archives militaires russes.
Moscou.

« Acte d'accusation de l'affaire n° 30.
Ministère des Affaires intérieures, section régionale de Karaganda, république socialiste soviétique du Kazakhstan.
12 novembre 1948.
Document non déclassifié.

Wang Tifu a été reconnu coupable de crime d'espionnage et emprisonné dans un camp de travaux forcés pour une période de vingt-cinq ans, à compter du 5 novembre 1945. »

12.

Enregistrement Wang Tifu, cassette n° 12, mars 2001

La grande révolte… Celle du printemps 1954. J'allais fêter mes quarante-trois ans. Tout a commencé au retour des beaux jours. Une femme m'aimait. Elle avait une vingtaine d'années et s'appelait Yushan. Un bien joli nom. Comment pourrait-on le traduire ? « Montagne de jade blanc ». Elle le portait à merveille, ce nom.

Depuis quatre ans, je purgeais ma peine dans le camp spécial numéro 4. Une référence. L'un des plus vastes et des plus difficiles bagnes soviétiques. On l'appelait le *Steplag*. *Step* pour steppes et *Lag* pour camp en russe. Le « camp des steppes ». Il se trouvait entre le petit village de Kenguir et la cité industrielle de Djezkazgan, en plein cœur de la vaste république socialiste soviétique du Kazakhstan. Encore le froid, bien sûr, la poussière, le vent… J'avais l'habitude.

Contrairement aux autres sites où j'avais été affecté, la population de celui-ci se composait pour moitié de prisonnières. Bien sûr nous n'étions pas mélangés. Chacun de son côté. Le complexe se divisait en trois quartiers séparés par des remparts. À l'est, celui des femmes, au milieu celui des détenus politiques et à l'ouest celui des criminels. Ces derniers ne dépassaient pas la centaine. Nous, nous étions bien plus nombreux. Le camp comptait en tout cinq mille *zeks*. L'administration avait pensé à tout pour prévenir les tentatives d'évasion : des gardiens, des soldats, une enceinte coiffée de barbelés et de barrières électrifiées ainsi que des miradors couplés à de puissants projecteurs.

« Je t'aimerai toute ma vie, jusqu'à la fin des temps… Ça sonne bien, hein que ça sonne plutôt bien ?! » Les autres riaient comme des collégiens, se moquaient de leur compère et de sa déclaration d'amour. Avec leurs crânes usés à force d'être tondus et leurs trognes de voleurs de poules, ils auraient épouvanté le plus courageux des voyous des bas-fonds de Berlin. Pour moi, ils étaient surtout de braves types, simples dans leurs sentiments comme peuvent l'être ceux qui ne possèdent plus rien. Nous partagions ce goût du malheur avec un appétit vorace, bien décidés à jouir de chaque instant. Puisqu'il fallait souffrir, souffrons la tête haute. Pour nous y aider, nous pouvions compter sur les filles. On les entendait le soir. Elles chantaient pour nous. Des voix de rossignols, de canaris, enfin pas toutes, certaines moins que d'autres, nous, on s'en satisfaisait, allez-y chantez, même faux, mais chantez. Nous déclamions en retour des poèmes enflammés avec pour témoins une lune effarouchée… ainsi que des dizaines d'autres détenus. On m'a vite prêté des talents d'écriture. Plus d'un me sollicitait pour corriger sa prose. Je m'y pliais de bonne grâce, tentant de combler les lacunes de ces anciens soldats de l'Axe plus à leur aise avec un fusil qu'avec une plume et un encrier.

Nous avions réussi à percer un trou dans le mur qui nous séparait de ces dames, suffisamment grand pour y passer des mots d'amour. Toutes ces semaines à creuser, à se relayer la nuit, la frousse au ventre, à s'user les mains jusqu'à la douleur, ça en avait valu la peine. Désormais, nous pouvions communiquer. Des couples n'ont pas tardé à se former. Virtuellement. On ne se touchait pas, on s'entendait, on s'écrivait et on croyait s'aimer. Chaque jour, les portails grillagés s'ouvraient entre nos deux campements. Les femmes passaient devant nous pour se rendre aux ateliers de couture, à la laverie, dans les cuisines. Nous, on se poussait du coude, nous hissant sur la pointe des pieds pour mieux les voir, laquelle nous avait répondu la veille, elles portaient toutes le même uniforme, le même fichu gris sur la tête, laquelle était-ce ? Les moins farouches acceptaient de se décrire, petite ou grande, des cheveux dorés ou alors des boucles sombres, un nez retroussé, autant de détails censés nous guider. Les bagnards enrageaient, ça manquait de précisions, ils voulaient connaître l'essentiel, les formes, celles dont les hommes se nourrissent, tu les as grosses tes fesses, et tes seins, décris-les, ça m'aidera plus que la couleur de tes yeux, qui peut distinguer à plus de dix mètres l'éclat subtil d'un iris ? Je ne rencontrais pas ce genre de problème. Et pour cause, des Chinoises, le camp n'en comptait que trois. Trois parmi deux mille prisonnières. Une vieille, une d'âge mûr dont l'époux partageait ma chambrée et la jeune Yushan. Ma Yushan…

Elle n'était pas belle. Son visage rond la rendait quelconque, commune, à la limite du vulgaire. Sous ses yeux, des pommettes boursouflées lui donnaient un air boudeur. Ses cheveux courts, coupés à la garçonne comme les Parisiennes de Montmartre, accentuaient son apparence androgyne. Elle écrasait sa poitrine sous un bandage étroit qu'elle serrait jusqu'à s'en faire des bleus et choisissait à dessein des vêtements trop larges. La moindre parcelle de sa féminité, elle la dissimulait avec précaution. La vieille Chinoise lui avait prodigué ce conseil, efface toute séduction de ton corps, deviens invisible, épouse le gris des murs pour que l'on ne te distingue plus du décor. Les viols existaient. Entre hommes, même entre femmes. La captivité transforme les êtres, lentement, avec un acharnement méticuleux. Certains glissaient vers le sordide et l'inhumain, il fallait survivre, nous y consacrions tant d'énergie, alors le reste, la douceur, la générosité, c'était si facile de l'oublier. Yushan les reconnaissait, ces écorchés, ces cadavres qui faisaient semblant d'être encore en vie. Elle ne se laissait pas avoir et conservait cette petite flamme qui la maintenait dans le monde des humains. C'est pour cela qu'on l'aimait tous, pour sa fraîcheur, on l'enviait, on la jalousait. Il nous la fallait, sa jeunesse, pour mieux la flétrir, la rendre comme nous. Personne ne savait pourquoi elle partageait notre sort, quel crime elle avait pu commettre, quel danger elle représentait pour justifier une telle punition. On tentait de deviner. Était-elle la fille d'un gouverneur chinois anticommuniste, avait-elle tenté d'assassiner un officier de l'Armée rouge, ou alors espionnait-elle pour l'ennemi ? On se tournait vers moi, réclamait mon avis, ils me disaient « tu en as forcément un puisque tu es un Chinois, comme elle ». Chinois, Mandchou, quelle différence pour eux ? En effet, j'avais un avis. Je l'imaginais espionne. Pas tueuse. Pour le Kuomintang, les Chinois nationalistes. L'avaient-ils piégée comme les Japonais avec moi ? J'aimais croire que oui. Cette gémellité de destin nous liait comme la glycine à une pagode.

Les chants, les messages et même les petits cadeaux que l'on se passait n'ont bientôt plus suffi. Les femmes, leur contact physique, nous manquaient. Nous n'en dormions plus de les savoir si près, les parfums de leurs cuisses, nous les sentions. Ils s'infiltraient jusque dans nos paillasses. Toutes ces prisonnières nous attendaient, là, juste derrière cette enceinte. Pour l'escalader, un cordage de vieux draps suffirait, le mur n'était pas si haut, trois mètres peut-être. Rien d'insurmontable. Quant aux fils barbelés et aux câbles électrifiés, nous avions trouvé la solution. Depuis plusieurs jours, nous savions comment couper le circuit électrique. Néanmoins personne n'avait osé tester les câbles. Et si un réseau secondaire alimentait ces fils ? Chaque soir, on les regardait, ces fichus câbles, on tendait l'oreille, tentant de reconnaître le chuintement du courant qui circule. Certains prétendaient l'entendre, ce grésillement typique, un petit tching-tching qui claque, ou alors plutôt une vibration semblable à celle des grillons les soirs d'été. Les plus gaillards d'entre-nous se moquaient, ils prétendaient qu'il n'y avait rien à entendre, que ces tiges métalliques restaient froides comme la mort, comme le vent nocturne du désert. Ça finissait toujours en conflit. « Vas-y puisque t'en es si sûr, touche-le, amuse-nous, qu'est-ce que tu risques ? » raillait l'un. L'autre répondait que oui, il en est certain, il n'y a rien, pas de courant, mais qu'il n'ira pas, d'ailleurs pourquoi le ferait-il ? Et il ajoutait quelques remarques blessantes : « Pour que tu puisses retrouver ta fiancée ? La grosse avec son air de paysanne inculte et ses bras plus poilus que les miens ? Jamais ! » Des coups partaient. Juste pour la forme. Pour se détendre les nerfs et oublier l'existence de ces fils électrifiés. Ce soir-là, la bagarre n'avait pas encore débuté quand il s'est avancé. Il ne semblait pas plus courageux que les autres, ni plus désespéré, peut-être voulait-il juste savoir. Il s'est hissé sur le mur et s'y tenait à califourchon. Il a tendu un bras, lentement, puis a déplié ses doigts, phalange par phalange. Il ne restait que quelques centimètres entre lui et le premier fil. Plus personne ne parlait, on le regardait, incrédules et vexés de ne pas avoir trouvé la force de le faire avant lui. Il se rapprochait encore, étirant l'épaule un peu plus, déterminé à apprivoiser ce morceau de cuivre, agissant comme un dompteur face à un fauve. Moi, j'imaginais déjà son corps secoué de spasmes, l'odeur des cheveux carbonisés, le trépas rapide, terrifiant. Il s'est tourné vers nous, le regard vide.

– Qu'est-ce qu'il a ? a demandé un gros costaud.

– Eh bien, tu le touches ou pas ce fil ?

– Il l'a fait, ai-je dit.

Sa main entière s'accrochait au monstre, elle le caressait. Plus de danger, plus d'électricité.

Les sentinelles tiraient à balles réelles. Elles en avaient le droit et même le devoir. Néanmoins, il existait des règles. Deux types de règles. Celles officielles du Goulag et les nôtres. Un *zek* qui tentait de s'échapper, qui agressait un maton, sa mort on l'acceptait. Normale. Méritée. Mais l'injustice, le vice, les exécutions sommaires, ça non, c'était contraire à notre code. Le directeur n'en ignorait rien et s'attachait à maintenir à l'équilibre ce rapport de force entre ses troupes, moins d'une centaine d'hommes, et les quelque cinq mille enragés qui croupissaient dans les cellules de sa colonie pénitentiaire. Il n'ignorait pas que son arsenal militaire ne suffirait pas à mater une mutinerie générale. Alors il a tenté de nous calmer quand le drame a eu lieu. Je me souviens, le printemps débutait à peine. Notre petit stratagème avec les fils électrifiés fonctionnait à merveille depuis plusieurs semaines déjà. Discrètement, les plus hardis jouaient les funambules pour rejoindre leur belle. Une expédition assez tranquille, bien rodée, sans trop de risque. Alors pourquoi ce drame ?

Il nous a raconté que le coup était parti tout seul. Un réflexe. Rien de plus. J'ai cru à la version du directeur. La sentinelle, trop jeune, inexpérimentée, avait voulu bien faire, comme on le lui avait enseigné, un détenu tente de s'enfuir, tu le neutralises, c'est-à-dire tu tires. Sauf que le *zek* ne fuyait rien, il faisait le mur, ça oui, mais pour une nuit d'amour, ou du moins quelques heures, juste assez pour se sentir encore un être humain, avec des sentiments qui vous traversent le corps. Tout d'abord, le soldat avait visé en l'air. Une sommation. Attention, ne va pas plus loin. Mais le prisonnier avait continué. Le coup suivant l'a touché. Il a hurlé, puis ce fut tout. « Il est mort », le directeur nous avait tous regroupés, je le sentais désolé mais surtout conscient de sa soudaine fragilité. Il précisait que la chute l'avait tué, pas la balle, pas la sentinelle, la chute, le mur, hein, c'est différent, on peut parler d'accident, pas de meurtre, n'est-ce pas ?! Encore moins d'assassinat puisque rien n'avait été prémédité. Il s'était tourné vers le soldat, l'auteur des tirs, un gamin au visage grêlé d'acné, regardez-le, semblait-il nous dire, non, mais regardez ce gosse, il sort à peine de l'école, sa mère le torchait certainement encore l'année dernière, il n'a pas pu, pas voulu ou alors pas su… Il pleurnichait, le maton. Cela devenait embarrassant. Mais nous, on s'en foutait pas mal de ses larmes, elles ne nous attendrissaient pas, je crois qu'elles nous agressaient plus qu'autre chose, comme une claque, une indécence insupportable. Car ce n'était pas le premier crime des sentinelles. D'autres avaient eu lieu récemment, des « accidents » également. On se trouvait en 1954, avec la mort de Staline une part de la terreur du régime avait disparu. Assez pour se rebeller. Dans le camp, une rumeur enflait. Un bourdonnement. Écoutez-la, le vent la propage vers les autres baraquements, elle se diffuse comme une mauvaise odeur, pénètre les cœurs et les consciences. La révolte !

Annexe J

Alexandre Soljénitsyne, L'Archipel du Goulag, *chapitre 12, « Les quarante jours de Kenguir », Paris, Fayard, 2014, p. 773.*

« Un cri roule : "Hourra-a-a !… Hourra-a-a !…" et c'est le déferlement dans l'intendance et, plus loin, jusque dans la zone des femmes. La brèche est élargie. On libère la prison des femmes — et voici que tout est réuni ! Tout est libre à l'intérieur de la zone principale ! »

13.

Enregistrement Wang Tifu, cassette n° 13, mars 2001

Évidemment que les bagnards ont abattu en premier le rempart qui nous séparait des femmes. Ils ont attrapé des solives, des pioches, des pierres… Il fallait le détruire, ce mur, vite, on aurait dit que leur vie en dépendait. Ils poussaient des cris de bêtes, des enragés oui, plus des hommes, plus rien d'humain. Un ancien officier de l'Armée rouge menait l'insurrection, un Russe, un héros de la guerre patriotique, condamné à pourrir parmi nous pour des raisons restées secrètes. Il savait manier les foules, il parlait fort et bref, les *zeks* respectaient cette férocité qui ne le quittait jamais. La confrontation avec les gardiens fut brève. J'espérais plus de résistance de leur part, un sursaut de dignité, un savoir-faire dans l'usage de la force. Ils ont été ridicules. Pourquoi n'ont-ils pas pris leurs armes ? Ils croyaient sérieusement intimider des bagnards avec de simples matraques ? Alors oui, ils ont dû battre en retraite. Nous, on les trouvait drôles, ces matons détalant comme des marmots terrifiés à l'idée de se prendre une rouste par de plus costauds qu'eux. Ça a donné des idées à certains, « prenons tout le camp », qu'ils répétaient, « libérons-nous, libérons les autres prisonniers, ensemble nous vaincrons ». Je suis resté sagement en retrait. Je connaissais ces moments d'euphorie collective, dénués de réalisme, ils sont voués à l'échec et au drame.

Il me fallait tenir, jouer la montre, me montrer docile avec les nouveaux maîtres de la colonie. Le soulèvement ne durerait pas longtemps. J'estimais à une semaine, deux au maximum, les capacités de résistance de mes camarades. La réaction du Kremlin se traduirait par une vengeance implacable et systématique. Les meneurs disparaîtraient dans une fosse à l'extérieur du bagne, leurs cadavres recouverts de chaux. Mais les autres, les types comme moi, les passifs, quel sort leur réserverait-on ? La clémence ? Improbable. Une nouvelle condamnation pour insubordination, un régime spécial, plus sévère encore, une mise à l'isolement, des brimades supplémentaires, un étage plus bas dans les cercles des enfers. Je conseillais à mes amis mandchous de garder leurs distances avec les insurgés, de ne surtout pas prendre part aux dégradations et aux raids contre les gardiens. Nous n'avons rien à y gagner, argumentais-je, laissons-les s'entretuer s'ils tiennent tant à mourir en héros. Ils m'ont ri au nez, moi le diplomate je manquais de cran. Pauvres fous ! Allez-y ! Ne vous privez pas, rejoignez-les, leur programme ne manque pas d'attrait, n'est-ce pas ?! Y croyaient-ils réellement, à leur slogan ? « La mort ou la liberté». Ils l'avaient peint sur une grande banderole tendue à l'entrée du camp. Quelle liberté pouvaient-ils espérer de la part du Goulag ?

Quand le mur menant au baraquement des femmes a cédé, les plus rapides ont sauté par-dessus les gravats pour se jeter sur les détenues. Certaines se laissaient faire, consentantes ou résignées, d'autres se cachaient dans l'espoir illusoire d'échapper à l'appétit des mâles. Je suivais l'hallali de loin, refusant d'y participer. C'est alors que j'ai entendu la vieille Chinoise crier mon nom. «Wang ! Wang !» Elle avançait, hébétée, se frayant péniblement un chemin parmi les bagnards surexcités. Je lui ai fait signe de me rejoindre, par ici, éloignez-vous de ces furieux, lui intimai-je. Mais elle ne m'entendait pas. Bousculée, elle s'écroula sur les coudes, se releva péniblement pour être de nouveau renversée par d'autres *zeks*. Elle saignait un peu, sur la tempe, à côté de l'oreille. Je la vis vaciller, surprise par sa blessure, elle regardait autour d'elle, ne comprenant plus où elle se trouvait, elle a respiré profondément puis a repris sa marche en répétant mon nom. Je l'ai attrapée par le bras pour la tirer à l'intérieur d'une cahute. Avec un linge à l'hygiène douteuse, j'ai commencé à soigner son égratignure, le sang se répandait sur sa joue comme une longue larme rosâtre. «La petite Yushan, gémissait-elle, elle n'y survivra pas, les soudards la poursuivent, maître Wang, sauvez-la du déshonneur.» Je promis, j'irais, bientôt, dans quelques heures ou quelques jours, pas maintenant. Mais la vieille insistait. Qu'espérait-elle ? J'appartenais à la catégorie numéro quatre, celle des handicapés, des vieillards, l'avait-elle oublié ? À quel titre m'écouterait-on ? Et puis ces rustres n'ont que faire des Chinoises, trop laides, les cuisses molles, les genoux cagneux, les fesses plates, non, la vieille, tu t'inquiètes inutilement, Yushan ne risque rien.

Les jours passèrent. Les négociations avec l'administration du Goulag se trouvaient au point mort. À ma grande surprise, Moscou temporisait, prétendant vouloir favoriser une issue pacifique. Les mutins s'étaient organisés en soviets, en comités, distribuant des rôles spécifiques aux plus enragés, la division militaire, la police, le département de la propagande ou que sais-je encore. Comme des gosses dans une cour d'école, ils rejouaient la révolution d'Octobre. Aucun ne remettait en question le système soviétique, au contraire, ils se l'appropriaient pour mieux l'imposer à d'autres, les plus faibles. Je les laissai à leurs utopies et me décidai à prendre des nouvelles de Yushan. Un groupe d'hommes armés de gourdins encadrait en permanence le bâtiment des femmes. Un géant au visage taillé dans du granit croyait savoir où se trouvait la « petite Chinoise », comme il disait. Son accent me déconcertait, je comprenais difficilement son russe. Il était originaire de Lituanie. « La fille, tu la trouveras dans la chambre nuptiale. » Je lui ai demandé de répéter. Il m'a donné une grande claque dans le dos en éclatant de rire. Je lui plaisais bien, il me trouvait drôle, les Chinois et les Mandchous l'amusaient beaucoup, me confia-t-il, « vous vous ressemblez tous, les cheveux noirs, raides, les yeux sombres, des petites mains, des petits pieds, vous êtes comme des enfants qui ne veulent plus grandir». Il se proposa de me servir de guide. J'acceptai de bonne grâce, au moins avec une telle escorte je ne risquais pas de mauvaises rencontres. Ma connaissance sommaire de son pays le flatta. Je lui parlais de Vilnius, une grande capitale tournée vers l'Europe, riche d'un brillant passé. Un jour, elle retrouvera la liberté, l'occupation soviétique ne durera pas, les Lituaniens ne marchanderont pas leur avenir, ils sont trop courageux et insoumis pour le supporter. Je ne m'arrêtais plus, rajoutais encore et encore du pathos. Il en était tout bouleversé, mon nouvel ami, quelqu'un connaissait l'existence de sa nation, il n'en revenait pas. Il m'a serré dans ses bras, mes côtes manquèrent de se briser mais je n'ai rien dit, je lui ai souri un peu plus, on ne modère pas l'enthousiasme de ce genre d'homme.

Nous sommes arrivés derrière un ensemble de petits logements en partie ravagés par les émeutes des premiers jours. Le Lituanien s'est introduit dans un couloir sombre. Il m'a attrapé la main, «ne me lâche pas si tu tiens à la vie», j'obéissais du mieux que je pouvais tout en tâchant d'éviter les débris sur le sol. Il a craqué une allumette, a regardé sur sa droite une porte avec un numéro en partie effacé. Des voix résonnaient à l'intérieur, celles d'un homme et d'une femme, ils paraissaient plutôt joyeux, je crois même qu'ils chantaient. Mon guide a hoché la tête, ce n'était pas la bonne. Il a embrasé une nouvelle allumette et s'est arrêté une dizaine de mètres plus loin devant une autre ouverture. La fameuse chambre nuptiale. Il y a collé une oreille puis, satisfait, m'a poussé à l'intérieur. «Elle est seule. Amuse-toi. Je t'attends dehors.» Je n'ai pas eu le temps de réagir qu'il avait déjà refermé la porte. Mon premier réflexe fut de partir, surtout ne pas ouvrir les yeux, rester vierge du spectacle auquel je tournais le dos. La chambre sentait la transpiration, pas celle d'un corps, mais de plusieurs corps, de dizaines de corps. Des effluves amers flottaient au-dessus de ma tête, menaçants, agressifs. Ils me racontaient ce que je refusais de voir, la bestialité des hommes, leur crasse se mêlant aux sécrétions les plus intimes, la déchéance d'une innocente.

Son lit se composait d'un matelas de paille jeté à même le sol. Des planches muraient les fenêtres aux vitres brisées, ne laissant filtrer que quelques rais de lumière vite étouffés par des particules de poussière grosses comme des insectes. Seules deux bougies disposées à l'opposé du lit permettaient de s'y repérer. Leurs flammes incertaines léchaient déjà le mur. Elle, elle se tenait au milieu du matelas, accroupie, la tête penchée sur son ventre, ses bras l'enlaçaient pour dissimuler sa nudité. Ils avaient dit «pas de viol», les chefs de la révolte, je les avais entendus le répéter, ils en étaient si fiers, les femmes on les traitera bien, nos sœurs de lutte méritent notre respect, quelle blague ! Je me suis adressé à elle en chinois. Notre langue commune. Puisse-t-elle la transporter l'espace d'un instant vers des paysages familiers, bienveillants, loin de cette barbarie. J'avais tort. Elle a sursauté comme si je l'avais frappée, puis, lentement, résignée, elle a relevé son visage, écarté les bras maladroitement pour dévoiler cette poitrine qu'elle avait pendant toutes ces années dissimulée sous des bandages, puis elle a attendu que je m'avance. C'est alors que j'ai deviné. Les hommes qui m'avaient précédé parlaient chinois eux aussi. Naturellement, pour moi, ces porcs ne pouvaient être que des étrangers, des Russes, des Blancs, pas des compatriotes. Ça me rassurait de croire que l'abject, c'était les autres, pas quelqu'un de chez nous.

Le Lituanien n'a rien compris. Je lui parlai avec autorité, cette fille, elle se trouve maintenant sous notre protection, personne ne doit y toucher, tu t'en portes garant. Il haussa les épaules. Il ne me prenait pas au sérieux. Yushan s'accrochait à moi, elle marchait vite, pressée de quitter cet endroit. Le plancher grinçait, résonnait sous nos pas, se révoltant contre notre évasion. Il fallait accélérer, ne pas tomber sur la mauvaise personne, celle qui avait placé cette gamine ici. La vieille Chinoise nous attendait. Elle se précipita vers Yushan, me repoussa avec dégoût, « je vous l'avais dit, ils s'en prendraient à elle, mais vous n'avez rien voulu savoir ». Elles ont continué sans moi. Je les ai vues se diriger vers d'autres femmes, des Russes, des pas commodes, celles que même les plus téméraires des taulards évitaient de contrarier.

— Avec ces nanas, ta petite ne risque plus rien, m'a confié le Lituanien. Tu as fait ta part, ce n'est plus de ton ressort maintenant.

— Au contraire, lui ai-je répondu, j'y mets mon point d'honneur, Yushan est de mon ressort. Plus que jamais.

Toute la journée du lendemain je n'ai pensé qu'à ça. Je devais punir ces brutes. Les identifier fut un jeu d'enfant. La vieille Chinoise les connaissait. Trop heureuse de les dénoncer, elle s'était empressée de m'indiquer où ils se cachaient. Je les ai reconnus immédiatement, trois anciens du gouvernement mandchou, des hommes que je croyais honorables. Nous avions sympathisé dès nos premiers jours de détention. Ils avaient appartenu à la police de l'Empire, ils savaient se battre et n'hésitaient pas à faire le coup de poing pour être respectés. Une qualité très recherchée ici. Au *Steplag*, tous les détenus se regroupaient par affinités culturelles, les Chinois entre eux, les Coréens avec les Coréens et ainsi de suite. Nous, nous formions une petite communauté plutôt bien soudée, celle du Mandchoukouo. J'y jouissais d'un certain prestige. Quand je parlais, on m'écoutait. Mon passé de diplomate valait ici celui de ministre, j'étais lettré, je comprenais plusieurs langues, il n'en fallait pas plus pour faire de moi un homme important. Et donc un homme à protéger. Ces policiers, ces ex-policiers, je m'en servais comme d'une garde rapprochée, un bataillon de gros bras. Encore plus depuis la révolte. L'anarchie qui régnait dans le camp me rendait nerveux. La structure par strates qui hiérarchisait les rapports entre les *zeks* avait explosé. On trouvait maintenant d'un côté les rebelles, ceux qui s'étaient lancés dans une guerre contre la direction du camp, et les autres. La méfiance des premiers envers les seconds s'est rapidement muée en hostilité. Nous représentions tout ce qu'ils exécraient : la lâcheté. Pis que des esclaves, des sous-hommes résignés à leur sort de bagnards. Eux se dépeignaient en aventuriers, en révoltés, pareils à ceux des livres d'histoire, des hommes prêts au sacrifice ultime pour briser leurs chaînes.

J'ai rejoint les trois anciens policiers mandchous. Ils traînaient avec un groupe de Chinois devant le réfectoire. Je n'aimais pas ces Chinois, des bons à rien, des crapules de la pire espèce, toujours fourrés dans des combines avec les gardiens. Je les soupçonnais de jouer les mouchards avec les « liserés bleus », les agents de la toute nouvelle police politique, le KGB. Je les ai dérangés en plein marchandage, une histoire de nourriture, des pommes de terre je crois. L'un des Chinois a sifflé entre ses dents quand je me suis approché. Les autres ont tourné la tête vers moi et ont cessé de parler. Le siffleur, j'en ai déduis que c'était leur chef, s'est planté sur mon chemin, les mains sur les hanches, dans une position de défi. « Alors, maître Wang, qu'est-ce qui nous vaut votre visite ? » Il prenait un accent traînant, imitant celui que l'on a dans le Nord, en Mandchourie. Les autres s'en amusaient, ils le trouvaient tordant. Même les trois Mandchous riaient, mais moi, je devinais bien qu'ils se sentaient humiliés. Je me suis directement adressé à ces derniers, ignorant avec soin le siffleur.

— Vous, venez avec moi, je dois vous entretenir d'une chose importante, ai-je ordonné en me rapprochant d'eux.

L'un des Mandchous me recadra immédiatement.

— Hé, que vous arrive-t-il, maître Wang ? Vous voilà bien autoritaire…

C'était celui que je considérais habituellement comme le responsable de ma sécurité. Mon attitude le plaçait dans une situation d'infériorité, de subalterne. Il perdait la face en présence de la bande de Chinois.

Je devais réagir au plus vite. Je modulai ma voix pour me montrer plus aimable.

— Pourriez-vous m'accorder un peu de votre temps ?

— Bah voilà… Ça c'est le ton qu'on aime entendre, reprit le siffleur d'un ton méprisant.

Il se tenait juste à ma droite, si près que je pouvais sentir son haleine lourde de tabac brun.

Un autre Chinois s'est placé sur ma gauche. Derrière moi, ils étaient deux, je ne les avais pas entendus se rapprocher. La bande cherchait clairement à m'impressionner.

— Allez-y, exprimez-vous, on vous écoute, maître Wang, continua le chef des Chinois, nous sommes entre amis, on ne se cache rien, n'est-ce pas ?!

— Après tout pourquoi pas ?! ai-je dit avec conviction. La jeune Yushan, vous la connaissez tous… Nous sommes sa famille ici. L'avez-vous oublié ? Honte à ceux qui oseraient la maltraiter.

En disant cela, je me tournais ostensiblement vers les Mandchous, je m'agitais, les pointant du doigt un à un. J'étais furieux.

— Des hommes mauvais ont abusé d'elle et l'ont forcée à monnayer sa vertu.

— Vous allez faire quoi, monsieur l'ex-diplomate ?

Il parlait trop, ce Chinois. Beaucoup trop. Je me tournai brusquement vers lui :

— Il me suffit d'en référer aux autres *zeks*, les Russes, ceux qui ont pris les commandes du camp. Je parle à merveille leur langue, comment vont-ils réagir quand je leur révélerai vos combines, votre petit réseau de prostitution ?

Ils n'en revenaient pas. Je les menaçais directement, ici, sur leur territoire.

— Laissez Yushan ! Oubliez-la ! Ne ruinez pas ses espoirs de refaire sa vie. Un jour, elle rentrera au pays, elle trouvera un mari, elle en rêve. Vous savez que ce sera impossible si elle se prostitue, elle ne s'en remettra jamais.

À partir de ce jour, elle n'a plus jamais remis les pieds dans la « chambre nuptiale ». J'avais su trouver les mots justes. Les trois policiers mandchous s'étaient même pris d'affection pour elle et désormais la protégeaient en permanence. Un soir, deux Coréens ont tenté de s'introduire chez elle. Ils avaient bu plus que de raison. Ils ont brisé les carreaux de sa fenêtre et ont commencé à l'insulter. On les a retrouvés inconscients. Ils baignaient dans leur sang, le visage tuméfié. Personne n'a jamais su qui les avait rossés. Pour tout le monde Yushan était désormais la « déesse » des Mandchous et, comme toute déesse, elle relevait du sacré.

Cela faisait déjà deux mois que la rébellion avait pris le contrôle du bagne quand des véhicules blindés et des troupes de choc du KGB ont progressivement encerclé le camp. Il en arrivait chaque jour un peu plus. L'attaque semblait imminente. Moscou se lassait d'attendre. Les négociations n'aboutissaient pas. Les mutins se croyaient si forts, si malins, ils se sont entêtés, persuadés de parvenir à contraindre le Kremlin à se coucher, à leur offrir de meilleures conditions de détention, la fin des brimades, de nouveaux jugements et bien sûr des réductions de peine. C'est possible, croyaient-ils, l'Union soviétique a changé. Ils rêvaient à un monde meilleur. Moi je me préparais juste au pire. Et j'avais raison.

Annexe K

Alexandre Soljénitsyne, L'Archipel du Goulag, *chapitre 12, « Les quarante jours de Kengir »,* op. cit., *p. 793.*

« Les tanks écrasaient tous ceux qui se trouvaient sur leur passage. Ils fonçaient sur les perrons des baraques, écrasant ceux qui étaient là. Ils rasaient les murs des baraques pour écraser ceux qui s'y suspendaient dans l'espoir d'échapper aux chenilles.

[…]

Les canons tiraient à blanc, mais mitraillettes et baïonnettes s'activaient comme au combat. Les femmes se plaçaient devant les hommes pour les protéger : sans importance, on embrochait aussi les femmes ! »

14.

Enregistrement Wang Tifu, cassette n° 14, mars 2001

L'assaut a débuté avant l'aurore. Aux premiers coups de feu, j'ai compris. Je m'y étais suffisamment préparé pour savoir comment agir. J'ai sauté hors de ma couche et guetté les mouvements dans la cour. Des *zeks* prenaient place, prêts pour le combat. Bravaches, ils brandissaient leur arsenal, des fourches et des haches. Les plus chanceux, je crois qu'ils étaient quatre, possédaient des pistolets, dérobés aux gardiens au début de la révolte, d'autres s'étaient confectionné des grenades artisanales et des bouteilles de chaux vive. Voilà pour notre avant-garde. Une vingtaine de costauds, des types condamnés à vie par le régime, des gueules de tueurs, de vrais durs. Ils sont tombés les premiers. Très vite. Une mort inutile, stupide. Quelle autre issue pouvaient-ils espérer face aux unités spéciales du ministère de l'Intérieur ? Il fallait les voir avec leurs pistolets-mitrailleurs, les commandos russes. Ils éliminaient un à un les résistants, sans effort, un jeu de massacre pire que sur un champ de foire. Ah ça oui, ils s'y connaissaient à Moscou en matière de remise au pas. Ils y avaient mis les moyens.

Ce n'était plus une opération de police mais une guerre. Des tanks éclataient les barricades aussi facilement que de simples quilles. Ils ont ensuite foncé sur la caserne dans laquelle un groupe d'insurgés avait trouvé refuge. Derrière les tanks, des haut-parleurs arrimés sur des jeeps diffusaient des appels à la reddition. « Rendez-vous immédiatement, il ne vous sera fait aucun mal, rendez-vous… » Je ne demandais que cela, me rendre. Mais comment s'y prendre ? Les chefs des rebelles nous avaient prévenus avant l'assaut, les traîtres, on les massacrera. Je me précipitai vers le fond de mon dortoir, des matelas disposés autour de moi pour me protéger des balles perdues. Soudain, les murs ont chancelé, le sol s'est soulevé comme une mer en plein orage, nos paillasses ont sursauté sur près de un mètre de haut, on aurait dit des grenouilles effarouchées, avant de se fracasser les unes contre les autres dans un vacarme fabuleux. Des camarades sont passés devant moi en détalant vers l'extérieur. Ils poussaient des cris de déments. Je ne savais pas si c'était de crainte ou de rage. Je me suis relevé pour les suivre du regard, ils ont attrapé des barres de fer et se sont mis en position comme des bretteurs, l'air menaçant. De ma position, je ne pouvais pas voir les soldats qui leur faisaient face. Je les entendais seulement. Ils leur demandaient de se calmer, d'abandonner leurs armes, de se montrer raisonnables. Peine perdue. Les bagnards ont répondu en riant qu'ils préféraient crever là, tout de suite, que Dieu les regardait et que lui seul pourrait les juger, pas le Politburo, pas le KGB. Et puis ils ont craché par terre comme pour sceller officiellement ce pacte passé avec le ciel. C'est alors que les militaires sont entrés dans mon champ de vision, ils avançaient calmement avec leurs fusils hérissés de longues baïonnettes. Acculés contre la façade de mon dortoir, les *zeks* ont compris que leur combat prenait fin, ils se sont regardés les uns les autres, j'ai cru qu'ils allaient s'enlacer, s'embrasser, mais ils n'en ont rien fait, à la place ils se sont élancés en hurlant. Les soldats n'en revenaient pas. La scène s'est déroulée presque au ralenti, elle ne manquait pas de panache, je dois le reconnaître. Je n'ai pas réussi à détourner les yeux, heureusement le vacarme de la bataille a couvert leurs râles. Les soldats s'y sont pris à plusieurs fois pour les achever, et chlac ! et chlac ! des grands coups de baïonnette dans le ventre, le geste ample, souple, pour prendre encore plus d'élan. Les lames, en ressortant, dégoulinaient, puis elles y retournaient encore une fois, s'enfonçaient jusqu'à la gueule du canon, les corps des suppliciés sursautaient un peu moins fort chaque fois, encore un peu moins puis plus du tout.

J'ai alors pensé à Yushan, aux femmes. Leur secteur se situait sur ma droite, à une cinquantaine de mètres. Je savais comment l'atteindre sans être vu. Il me suffisait de contourner le bâtiment central et de longer le mur d'enceinte. Pour me donner du courage, j'ai visualisé la petite Yushan en panique, elle m'appelait au secours, ils vont la maltraiter si je ne viens pas, la violer, la tuer. J'ai serré les dents et les poings puis je suis sorti. Les combats s'intensifiaient, les chars progressaient par mouvements saccadés, pivotant un coup à droite, un coup à gauche, traquant sans relâche les rebelles, ne stoppant leur course erratique sous aucun prétexte. Ils voulaient semer le chaos, tout détruire, briser les volontés des plus déterminés. Les blessés, trop lents pour se relever, les chenilles d'acier déchiraient leurs chairs, écrasaient lentement les os un à un sans effort. Je chassai ces images de mon esprit. Il me fallait continuer, ne pas réfléchir. Soudain des grognements féroces ont résonné dans toute la colonie, une menace nouvelle, des hurlements surgissant des profondeurs des steppes sauvages. Des fantassins attaquaient avec des chiens énormes, des monstres, des bergers allemands mais aussi ces molosses dont nous nous méfiions tant, sélectionnés génération après génération par les bergers kazakhs, des animaux réputés pour leur agressivité, seuls capables de protéger les troupeaux contre les loups. Il y en avait partout, de ces chiens. Une meute. Peut-être cent. Ils se dirigeaient vers la section des femmes. J'ai vite compris pourquoi. Le noyau dur de la résistance s'y était claquemuré. Les soldats ne s'en prendront pas à elles, ils n'oseront pas, nous y serons en sécurité, voilà ce qu'ils ont dû se dire, les bagnards.

Bien sûr qu'ils ont tiré.

Certaines ont tenté de s'interposer, elles se dressaient devant leur homme, leur amoureux, si vous devez le tuer, achevez-moi d'abord, lançaient-elles en offrant leurs poitrines aux soldats. Mais les balles se moquaient bien du sexe de leurs victimes, homme, femme, coupable, innocent, ils y passaient tous. Malgré la panique qui cherchait à me paralyser, j'ai réussi à ramper jusqu'à une guérite. La trouille de mourir écrasait mon cœur, bloquait ma respiration, j'étais pétrifié, pourtant je refusais d'abandonner, le visage de Yushan ne me quittait pas, il m'obsédait, me guidait. En vain. Ils ne m'ont pas laissé le temps de la sauver. Ils m'ont capturé juste avant l'assaut final, au moment où je tentais de reprendre mon souffle. Je me suis rendu quand j'ai senti le canon d'un fusil contre mon dos. Résister ne rimait plus à rien. On m'a ordonné de m'éloigner, «rejoins les autres, là-bas, et n'en bouge pas». J'y allai au pas de course, remontant les lignes de soldats, «je me rends, je me rends», je leur répétais ça sans cesse, qu'ils ne m'attaquent pas, surtout pas, je suis une victime, un pacifique, regardez je lève les bras. Aucun ne prêtait attention à mes paroles, ils étaient tous trop concentrés à fixer un point devant eux. J'ai tourné la tête pour découvrir ce qui les obsédait tant. Au même instant, un ordre a claqué, des grenades ont volé par grappes vers le logement des femmes, vers Yushan. Je suis tombé à genoux. Ma petite Chinoise, excuse-moi, excuse-moi…

Annexe L

Archives nationales de la fédération de Russie.
Goulag, Administration principale des camps.

« Télégramme du vice-ministre des Affaires intérieures, Serguei Egorov, au ministre des Affaires intérieures, Serguei Kruglov.
28 juin 1954.

La désobéissance des prisonniers de la 3ᵉ section du camp du Steplag qui a duré du 16 mai de cette année au 25 juin de cette année a été interrompue le 26 juin de cette année grâce à l'usage de troupes et de chars dans la zone insurgée du camp. »

15.

Enregistrement Wang Tifu, cassette nº 15, mars 2001

Ne me demandez pas combien de morts il y a eu ce jour-là. Je n'en sais rien. Beaucoup. Plusieurs dizaines, peut-être des centaines. À l'époque, je me gardais bien de poser des questions. Sauf pour Yushan. J'interrogeais discrètement. Dès que je croisais une détenue, je lui demandais, la petite, la Chinoise, elle va bien ? On ne me répondait pas. Plus personne ne parlait à personne. La fraternité des *zeks* en avait pris un sérieux coup. Les corvées ont très vite recommencé. Je changeais de catégorie. Terminée, la numéro quatre qui me cataloguait parmi les incapables, on me renvoyait à la mine, celle de cuivre. Une punition j'imagine. J'y ai laissé un doigt, le majeur de ma main gauche, je ne peux plus le plier. Les tendons ont été irrémédiablement endommagés. Un moindre mal quand on y pense.

J'ai appris plus tard que l'on évoquait mon sort en Chine. Je veux dire à Pékin, dans les cercles du pouvoir. Peut-être pas dans les premiers cercles, mais quelque part dans des bureaux ministériels, ça oui. Les Soviétiques me l'ont révélé en 1955. « Mao te réclame, mon vieux Wang », plaisantaient-ils. Je ne les croyais pas, même si je me sentais un peu flatté. Ainsi, on ne m'avait pas tout à fait oublié au pays. Mes compatriotes se battaient pour obtenir mon rapatriement et mettre fin à cette injustice déjà vieille de dix ans. Il ne s'agissait pas uniquement de moi, mais aussi de tous les Mandchous du *Steplag*. Le 25 octobre 1955, les gardiens nous ont rassemblés, nous partions. Je pourrais mentir, prétendre que Yushan a surgi, s'est précipitée vers moi dans une course folle, que nous avons échangé un long baiser d'adieu, ses larmes glissant sur mes lèvres comme autant de perles d'amertume. En réalité, ce fut plus bref. J'ai effectivement revu Yushan. Je l'ai aperçue, pour être plus précis, là où elle vivait depuis la fin de la révolte, dans une cellule de la prison centrale. Quelques mois auparavant, j'avais fini par savoir ce qu'elle était devenue. Les soldats l'avaient capturée parmi les ultimes combattants. D'après la rumeur, elle s'était armée d'un couteau et refusait de se rendre. Une forcenée. L'administration du *Steplag* l'a jugée pour sédition et condamnée à une lourde peine de cachot. J'ai tenté à plusieurs reprises d'entrer en contact avec elle, mais elle avait honte, me rejetait, préférant m'ignorer. Peut-être m'en voulait-elle de l'avoir laissée seule pendant la bataille ? Je ne l'ai jamais su. Ce 25 octobre 1955, au moment de quitter le camp, j'ai regardé vers la prison des femmes. Une main est apparue au travers des barreaux. J'ai cru qu'elle me faisait signe, comme on le fait sur un quai de gare quand un être cher s'éloigne. Je me suis persuadé que c'était Yushan qui me saluait. J'aurais pu lui répondre, m'approcher, échanger quelques mots, les derniers, à la place j'ai joué l'indifférence. Cette femme appartenait à un passé que je désirais enfouir au plus profond de ma mémoire. L'étouffer jusqu'à le rendre inexistant.

On nous a déplacés en camion vers un autre site dans les montagnes kazakhes. Nous y avons stationné tout l'hiver, le temps de reprendre des forces. On nous traitait mieux, je mangeais à ma faim, j'avais même droit à de vrais morceaux de viande. Dans la journée, nous travaillions encore mais seulement quelques heures et à des tâches moins pénibles. Ensuite, nous recevions des cours de rééducation politique sur le socialisme triomphant, l'amitié entre les Russes et les Chinois et bien entendu sur le président Mao. Je n'ignorais plus rien des victoires de l'Armée populaire de libération sur les infâmes nationalistes de Tchang Kaï-chek. Six mois plus tard, les Soviétiques nous ont jugés idéologiquement aptes, nous étions devenus des hommes nouveaux, de braves communistes prêts à participer à la marche en avant de la révolution mondiale. Mes années de camp m'avaient enseigné la modestie, la résistance au travail physique et surtout l'obéissance aveugle aux chefs. Les paroles de l'officier de l'Armée rouge, celui qui m'avait arrêté dans l'ex-capitale du Mandchoukouo en 1945, me revenaient à l'esprit. Il m'avait promis que je reviendrais un jour chez moi, le temps d'apprendre de mes erreurs. J'avais mis dix ans à y parvenir. Dix longues années de bagne ! Je suppose que je les méritais. Maintenant, une nouvelle existence m'attendait. Celle d'un citoyen modèle, lavé de ses péchés, redressé.

Début mars 1956, nous sommes arrivés près d'une grande ville russe, au bord de la frontière chinoise, juste de l'autre côté de la Mandchourie. Je reconnaissais la région et ce bon vieux fleuve Amour. J'en tremblais d'émotion. Chaque matin, dès mon réveil, je me précipitais dehors, je plongeais mon regard sur la ligne d'horizon au-delà des eaux, vers ma patrie. Ma famille vivait là-bas, quelque part vers le sud, à une centaine de kilomètres. Elle ignorait certainement tout de mes épreuves. Savait-elle seulement que j'avais survécu ? Les Soviétiques m'ont assuré qu'ils avaient fait le nécessaire, « nous les avons prévenus, vos parents, votre femme et vos enfants vous attendent, tout va bien se passer ». Je restais néanmoins nerveux. J'avais changé, vieilli, ça c'était normal, en plus de dix ans, qui ne vieillit pas, sauf que dans un camp de travail, on ne vieillit pas, on s'use, l'âme se racornit, le cœur s'atrophie, on apprend à se taire, à se méfier de tout, de tous. Parviendrais-je encore à aimer ? Oublierais-je la peur, cette encombrante amie qui s'invite en permanence dans votre esprit ? J'étais pétri d'angoisse, cette liberté que l'on m'offrait, elle m'effrayait. Les Soviétiques ne m'avaient pas seulement rééduqué, ils m'avaient brisé.

Les négociations entre les autorités russes et chinoises ont duré encore quelques semaines. Puis un nouveau convoi nous a transportés un peu plus au sud, vers Vladivostok, le point de départ pour la colonie carcérale de Magadan. La redoutable Magadan, près du cercle arctique, le camp que tous craignent, le mouroir de Staline. J'ai sondé un officier, savait-il ce que l'on allait faire de nous, irait-on à Magadan ? Il s'est levé d'un bloc, irrité par ma question, il n'en revenait pas, quel toupet, moi, un *zek*, je me permettais de le questionner ! Je reculai de crainte de recevoir un mauvais coup. S'il avait pu m'abattre sur-le-champ, s'il en avait reçu l'autorisation, c'est certain, il me tuait d'une balle dans la tête. Ma simple présence le rendait malade. Sa réponse, il me l'a crachée au visage comme on expulse un excès de bile, pour lui nous méritions tous Magadan, un traitement spécial, le plus dur possible, dans le froid, plus que le froid, le gel ultime, celui qui brûle les poumons et vitrifie les yeux. Ce ne serait que justice pour des traîtres comme nous, de mauvais citoyens, la Chine des travailleurs et des paysans ne doit pas s'encombrer de tels parasites. « Demain, l'Union soviétique se débarrassera de vous, définitivement, a-t-il ajouté, l'air mauvais, mais ne vous méprenez pas, vous restez des coupables, nous transmettons juste à nos frères chinois votre sentence, les vingt-cinq années de détention. À eux de terminer le travail, votre redressement mental et physique ne fait que débuter, vous ne serez pas déçus, croyez-moi. » Il est reparti en poussant des jurons et me vouant à tous les diables. Je restai sonné. Qu'allais-je trouver de l'autre côté de la frontière ? Comment la Chine comptait-elle nous accueillir ? En coupables ou en victimes ?

Le 28 mars, nous avons été réveillés à l'aube et réunis sur le quai d'une gare militaire. Des unités du KGB nous encadraient. Les nouveaux uniformes de prisonniers qu'on nous avait fournis ne nous protégeaient pas du vent givrant. Mais je m'en moquais. Je ne portais plus ces frusques de bagnard, cette casquette puante, ces chaussures de corde qui laissaient passer l'air et l'humidité, je me sentais un autre, pas encore le Wang Tifu d'avant, mais déjà plus tout à fait le matricule 197341, celui du Goulag. Notre train a fini par arriver, un convoi pénitentiaire composé de wagons transformés en cellules. Les militaires ont aboyé des ordres, vite, on se presse, les retardataires seront punis ; pas un n'a lambiné, nous ne demandions que cela, monter dans les voitures, nous y entasser, quitter cette terre maudite. Le trajet n'a pas duré soixante minutes. Quinze kilomètres seulement nous séparaient du poste frontière chinois. Suifenhe, c'était son nom, un nom qui reste gravé dans ma mémoire. Je n'y suis resté que quelques heures, mais un demi-siècle plus tard je m'en souviens encore, avec une acuité troublante. J'ai adoré cette petite cité sans charme, comme aucune autre dans ma vie. Suifenhe. L'échange s'est déroulé dans le calme. Nous descendions un à un à l'appel de notre nom, les types du KGB remettaient notre dossier à leurs homologues chinois, pas un regard pour nous, du bétail aurait été mieux traité, sûrement, parce que le bétail, la Chine en avait besoin, alors que nous… Moi, ça m'allait. J'acceptais tout. Le mépris et la cruauté m'accompagnaient depuis si longtemps, à force on s'y habitue, on trouve cela normal, justifié. Du moment qu'on me détestait en chinois et plus en russe, j'y trouvais mon compte.

Lui, il s'appelait Wang. Comme moi. Il portait le titre de directeur du département provincial des Affaires civiles. Il avait attendu que les Russes repartent dans leur train pour nous accueillir officiellement. Enfin entre Chinois. Oui, je dis Chinois et non plus Mandchou, surtout plus Mandchou. J'allais rapidement apprendre à oublier de me sentir autre chose que chinois. Ce Wang s'est présenté, il parlait bien, un orateur brillant, j'appréciais sa diction, limpide, claire et concise, un intellectuel à n'en pas douter. Il nous a déclaré qu'il représentait le gouvernement, qu'en son nom il nous souhaitait la bienvenue, nous formions le troisième groupe de rapatriés qu'il réceptionnait, « des coupables, tout comme vous, redressés par les Soviétiques, tout comme vous, mais des gens bien, des hommes prêts à apporter toutes leurs compétences à l'édification de la Chine de demain ». Nous applaudissions, notre enthousiasme était réel, oui, vous pouvez compter sur nous, c'est ce qu'on lui répondait en criant, vive le gouvernement, vive le directeur Wang, vive Mao !!! C'était beau comme dans un film de propagande. La main tendue du vainqueur vers le vaincu repentant, le représentant du peuple magnanime mais vigilant, l'unité retrouvée d'un pays meurtri par des décennies de guerre. Juste une belle fable que seul un idiot comme moi pouvait avaler.

Comme un virus mortel, nous portions en nous les germes d'une perversion mentale, le capitalisme, le fascisme et l'impérialisme. Le directeur Wang ne doutait pas de l'excellence des méthodes soviétiques pour purifier nos esprits, néanmoins nous devions accepter de nouveau une courte période de rééducation politique. À la chinoise cette fois-ci. Quelques semaines tout au plus, avec des conditions d'internement modernes, tout à fait confortables, rien à voir avec un camp de travail du Goulag, la Chine traite dignement ses enfants, elle les aime, les chérit, tous, même les plus rebelles. Le centre se trouvait à Acheng, dans la banlieue rurale de Harbin, un cadre élégant et apaisant. Nous y serions bien, il s'y engageait. « Quand partons-nous ? » a demandé l'un des nôtres. « Mais tout de suite mes amis. Tout de suite. Par le train. Celui qui se trouve juste là, devant vous. Je vous invite à y prendre place, dans le silence et l'ordre. Mais avant, chantons l'hymne de la république populaire de Chine. » Nous ne connaissions pas les paroles, ni même l'air, seuls les soldats chinois qui nous escortaient le reprenaient avec une ferveur tout enfantine. J'aurais aimé donner de la voix, les rejoindre dans cette chaleur patriotique, leur prouver que je m'unissais à eux. J'ai bougé les lèvres, chanté moi aussi, à contretemps, répétant maladroitement les strophes grandioses, peu importait tant qu'on me voyait, je suis un sincère converti, un patriote, regardez-moi directeur Wang, ma communion avec le parti est totale.

Je ne le quittais pas des yeux, j'aspirais son regard, le forçais à se tourner vers moi. Il fallait que je lui parle. Il est descendu de l'estrade et nous a traversés sous des hourras encore plus vigoureux. Je bousculai mes camarades pour l'approcher, je devais agir vite, l'atteindre avant qu'il ne disparaisse dans son wagon. « Directeur Wang, un instant… »

Il ne semblait pas étonné par mon empressement, je pense qu'il m'attendait.

— Je suis Wang Tifu…

— Je sais qui vous êtes, maître Wang. Votre dossier a retenu toute mon attention.

— Serait-il possible de visiter Harbin ? La ville ne se trouve qu'à quelques minutes d'Acheng. Moins de dix kilomètres.

— C'est prévu dans le programme. Vous irez tous à Harbin pour découvrir ce que nous avons accompli en seulement cinq ans. Les usines, les hôpitaux, les écoles, vous verrez tout.

— Directeur Wang, je n'en doute pas. Gloire au parti. Mais, ma famille… Elle habite Harbin. Je ne l'ai pas vue depuis onze ans. J'aimerais tant…

— Mon ami…

Il murmurait à présent et m'entraînait à l'écart du groupe.

— Mon ami, je ne suis pas un monstre, je vous comprends, ce sera possible. Le moment venu, vous les verrez.

Il m'a menti. Comme les autres.

Il savait que ma famille n'habitait plus Harbin depuis longtemps. Elle avait déménagé à des centaines de kilomètres, plus au sud.

Mes retrouvailles avec ma femme et mes enfants devraient encore attendre plusieurs mois.

Annexe M

Extraits des Mémoires de Wang Tifu, le diplomate fantoche des Mandchous, op. cit., *p. 154.*

« Ce qui a vraiment éveillé mon cœur de pécheur et modifié ma vision de la vie, ce fut de retourner dans ma patrie et de vivre avec l'équipe de formation à Acheng pendant six mois. [...] Les dirigeants de l'équipe de formation ont parlé avec cœur et âme encore et encore, et ma façon de penser a commencé à changer. Dans le passé, je méprisais le parti communiste dans son ensemble et ne pensais pas qu'il puisse gérer correctement le pays. Maintenant je suis convaincu au plus profond de mon être du contraire et je sens sincèrement que le parti communiste est vraiment grand. »

16.

Enregistrement Wang Tifu, cassette n° 16, mars 2001

Je ne regrette aucun mot de mes Mémoires, ceux publiés en 1988. Je le pensais et le pense encore aujourd'hui. Le parti communiste chinois m'a reconstruit, j'ai foi en lui. Cela m'a pris du temps pour le comprendre et surtout pour admettre que je n'avais pas le choix.

Les années 1960 débutaient. J'approchais de mon cinquantième anniversaire. Le gouvernement m'avait offert son pardon et avait accepté de me rendre une citoyenneté pleine et entière. Je pouvais vivre parmi les miens et tenter de rétablir des liens avec mon épouse et mes enfants. Je l'avais tant de fois rêvé, cet instant ; ces retrouvailles, je les mettais en scène mieux que dans des romances pour jeunes filles, avec des sentiments dedans, de la joie, des rires, de l'émotion tant et plus, une explosion de bonheur. Mon beau-frère, qui avait tout organisé, m'avait prévenu : « Tu les trouveras changés, différents mais ils sont ta famille, ne l'oublie pas.» Ils se sont tous avancés vers moi à contrecœur, gauches et désorientés. J'ai tressailli, qui étaient ces gens ? Mes enfants, les aînés, je les ai reconnus, mais pas cette femme au regard fuyant, avec ces cheveux couleur poussière, et cette adolescente si grande et si mince. Serait-elle ce bébé que j'ai serré dans mes bras pour la dernière fois en 1945 ? Toutes les deux m'observaient sans parvenir à prononcer un mot, elles devaient me prendre pour un spectre, comment auraient-elles pu faire autrement, toutes ces années de deuil les avaient conduites à se familiariser avec mon trépas. J'étais forcément mort puisque je ne donnais aucune nouvelle. Mes lettres n'avaient jamais franchi les grilles des camps russes. Ma chère épouse, mes enfants adorés, que vous ai-je fait subir ? Nous nous sommes tous assis sur le rebord du lit, avec le silence de la maison pour seule compagnie. L'obscurité de la pièce nous aidait à mieux supporter ce triste malaise. Je me jurai à cet instant de ne plus les quitter et de me battre pour obtenir la plus belle seconde moitié de vie au monde.

Le Bureau officiel du travail du district n'a pris aucun risque. Il a vérifié auprès de l'administration centrale la conformité de mon statut de citoyen puis a validé mon enregistrement. Puisque j'étais en règle, je pouvais prétendre à un emploi. On m'attribua un poste de comptable dans une fabrique de produits chimiques. Très vite, la direction m'a confié d'autres tâches, plus adaptées à mes compétences, je servais de guide-interprète pour les clients et les visiteurs étrangers, principalement des Russes. Le salaire suffisait à peine à nourrir la famille, mais je ne m'en plaignais pas. Les journées se succédaient, paisibles, heureuses. Je reprenais goût à une existence simple, prenant soin de suivre à la lettre les consignes du parti. Quand les responsables de l'usine ont demandé à me voir en urgence, je ne me suis douté de rien. On me sollicitait certainement pour un document en russe ou en allemand, j'avais pris un carnet et un crayon avec moi, au cas où… À leurs mines déconfites, j'ai vite compris que ce serait plus compliqué. Ils étaient navrés, ils avaient tenté de les convaincre sans y parvenir, je devais partir dès que possible, dans l'heure ce serait bien. J'exigeai des explications, qui me réclamait ? pourquoi ? La Sécurité publique. Pour un stage de perfectionnement politique. Pas long, juste dix jours. J'ai cru défaillir, cette folie ne cesserait donc jamais ?! Que pouvait-on m'apprendre de plus ? J'ai déjà passé tous les examens avec succès, je connais chacune des grandes dates de la Révolution, les principes du parti, les textes majeurs de Mao et de ses frères d'armes. Mes collègues me consolaient, il ne s'agit que d'une vérification, une étape somme toute classique pour un homme comme moi. Un homme comme moi ? Un ancien traître…

Dix jours. Après tout, que représentaient dix jours quand on a passé plus de dix ans en camp ? Je rentrai à la maison, prévins mon épouse, je pars, une assignation de la Sécurité publique, non, ne t'inquiète pas, je reviendrai, non, ne pleure pas… Elle pleurait. On m'avait conseillé de prendre de quoi dormir, un matelas, des couvertures et des affaires de rechange, car je n'aurais pas le droit de quitter le centre sans autorisation. J'ai enroulé ma couche, l'ai bien serrée avec une ficelle épaisse et suis parti le cœur aussi léger qu'un étudiant un jour de rentrée scolaire. Ils voulaient me tester ? Parfait, je ne les décevrais pas. Décidé à les impressionner, à chaque cours, je m'appliquais à répondre avant les autres, mieux que les autres, surtout. J'y parvenais aisément. Ma classe se composait d'anciens policiers mandchous, de traîtres, d'espions et de riches propriétaires terriens, la lie de la nouvelle société. Ils ne manifestaient aucun regret, se désintéressaient de la révolution prolétarienne, n'avaient pas lu Marx, ignoraient les concepts du socialisme. Moi, je récitais ma leçon, apprise à Acheng, paragraphe par paragraphe, ma mémoire me rendait inaccessible à l'erreur. Les instructeurs savouraient ma hardiesse, allaient jusqu'à me féliciter. Les dix jours ont filé comme dans un rêve. Arriva la remise des diplômes. Elle se tenait le dernier après-midi de la session. La promotion s'est réunie en présence des responsables du département de la Sécurité publique, les professeurs nous avaient demandé de nous tenir au garde-à-vous, d'accrocher bien en évidence la petite étoile rouge sur notre uniforme, le badge du président Mao aussi. Je trépignais, je n'avais plus cinquante ans mais à peine vingt. Un discours, puis un autre et encore un, sur l'importance du parti, sur l'adhésion de chacun à sa ligne, je connaissais tout ça par cœur, j'aurais pu les écrire, ces discours. Le plus important arriva enfin, la liste des diplômés. Elle fut longue. Mon nom n'arrivait pas. Je patientais, fébrile. Ils m'appelleront en dernier, ils veulent finir en apothéose, me convainquis-je, de plus en plus inquiet.

Le seul à ne pas avoir été reçu s'appelait Lao. Un type étrange, solitaire, il avait été condamné pour des crimes de sang, m'avait-on dit, un asocial irrécupérable. Son échec n'a surpris personne. Surtout pas moi. Mais alors, qu'avais-je en commun avec ce Lao ? Non seulement je n'avais jamais tué, mais je pensais communiste, je rêvais communiste, pourquoi donc me refuser le diplôme ? Pourquoi cette nouvelle humiliation ? Cette nuit fut terrible. Dans le dortoir, je devais partager ma couche avec ce Lao, ce tueur. Le lendemain soir, le chef du département de la Sécurité m'a sermonné. On lui avait rapporté que je refusais de m'alimenter, que je ne parlais plus, ma bonne humeur avait disparu. « Vous êtes fâché ? » me demanda-t-il.

— Je nage en pleine confusion, je croyais répondre aux critères du parti, mais visiblement…

— Bien au contraire, Wang, je n'ai jamais rencontré de meilleur élément, vous êtes un élève brillant, une référence.

— Mais alors… ?

— Nous avons préféré vous garder plus longtemps pour que vous puissiez servir de modèle aux prochaines classes.

— Je ne comprends pas. Vous avez des professeurs pour cela…

— Votre ferveur nous a surpris. Vous savez si bien reconnaître votre culpabilité, vos crimes passés, vous vous repentez avec une telle conviction… Continuez ainsi, mais faites-le devant les autres… Je ne doute pas que vous ferez de votre mieux Si nous sommes satisfaits, vous pourrez rentrer chez vous très vite.

Je me suis appliqué, j'ai appris aux élèves à regretter leurs agissements passés, à aimer le nouveau régime. Progressivement, j'ai pris des responsabilités, on m'a octroyé une chambre personnelle, je trinquais le soir avec la direction, je m'y plaisais, dans ce centre. Au bout de quelques semaines, on m'a libéré. Ma famille m'a accueilli en héros, elle n'ignorait rien de mes succès, nous nous pensions à l'abri, des Chinois modèles, voilà ce que nous devenions.

Au même moment, dans ce début des années 1960, le président Mao lança dans tout le pays un grand mouvement d'éducation socialiste. La société chinoise se pervertissait au contact du capitalisme. Les mauvaises habitudes des temps anciens restaient enracinées au sein d'une élite éduquée. Le régime se proposait de les éradiquer avec vigueur et détermination. Il faut croire que j'appartenais encore à cette élite, car mon nom figurait parmi les bannis.

Cette fois-ci pas de mines de cuivre, pas de centres de rééducation en ville mais un retour à la terre. À l'essentiel, prétendait Pékin. Les intellectuels, les profiteurs, les « droitistes » ont tant à apprendre des gens simples, des paysans, des fermiers. Qu'ils séjournent quelques mois dans les zones agricoles du pays, ils n'en reviendront que meilleurs.

J'ai eu de la chance. On m'affecta à Wangha, petit village au sud de Harbin, à une trentaine de kilomètres. Moins de deux heures de bicyclette, rien du tout. Je réconfortai ma plus jeune fille, elle aura le droit de venir me voir le week-end, et même en semaine, aux beaux jours. J'avais décidé de partir seul. Mes garçons étaient déjà grands et ne vivaient plus avec nous, ma fille aînée étudiait à l'université, il ne restait plus que notre benjamine. Je choisis de la laisser avec ma femme à Harbin. Elle n'était pas concernée par l'ordre de réquisition. Seul son mauvais père devait encore se purifier.

Me voilà donc paysan. Je parle cinq langues, je suis diplômé des plus grandes universités de la région, je possède une longue expérience de diplomate, j'ai négocié avec des chefs d'État, dansé avec des reines et pourtant je ramasse des patates et nourris des cochons. Au bout d'un an et demi, je me suis rendu à l'évidence, je finirais mes jours à Wangha, jamais on ne me laisserait quitter ce village. Le chef de la section était un conducteur de tracteur, un type assez rustre, il ne lisait qu'à grand-peine malgré tous ses efforts. Le parti l'avait choisi pour sa loyauté et son refus d'user de son libre arbitre, le candidat parfait pour appliquer les directives les plus incongrues. Il s'appelait Xiao et m'aimait bien. « Racontez-moi ces étrangers aux cheveux dorés et ces pays lointains, vers le couchant, j'adore quand vous m'en parlez, oncle Wang. » C'est ce Xiao qui m'a prévenu, ma résidence à Wangha devenait permanente, ainsi l'avaient statué ses supérieurs. Il m'a autorisé à me rendre à Harbin pour informer ma famille et démissionner officiellement de l'usine.

Ma femme s'est fendue d'un sourire, s'est inclinée avec respect et a commencé à réunir ses affaires. Elle acceptait son sort, celui de me suivre dans ce nouvel exil rural. Depuis notre mariage, jamais elle ne s'est plainte, pourtant je n'ai pas cessé de la décevoir, de lui apporter du malheur, de la couvrir de honte. Le temps nous avait joué un mauvais tour à tous les deux, pour moi, il s'était arrêté, il rampait comme une limace pendant mes séjours au bagne, dans les centres de rééducation, à la campagne, alors que, pour elle, il glissait inexorablement entre ses doigts osseux, se moquant bien des épreuves qui l'accablaient et de l'absence de son mari. Elle avait gâché sa jeunesse à m'attendre, à élever nos cinq enfants dans un environnement hostile et ingrat. Notre dernière fille désirait nous accompagner, abandonner ses études et jouer à la petite paysanne. Elle n'avait pas connu son père jusqu'à son adolescence, elle refusait de me perdre de nouveau. Je m'y opposai fermement. « Tu étudieras à Harbin, avec ta sœur aînée. D'ailleurs, la police ne vous autorise pas à me suivre, seule votre mère le peut. Étudier est votre seule issue pour affronter ce monde. Ne l'oublie jamais. »

Quelle gentille enfant ! Elle ne manquait pas un week-end pour nous rendre visite. Son rire résonnait dans la modeste maison que j'avais réussi à acheter avec mes maigres économies. Ma nouvelle demeure tenait davantage de la ruine que du palais. Nous l'avions retapée, les voisins et moi, avec ce dont nous disposions, des tiges de joncs sauvages pour combler les trous à travers le toit, de la poussière de chaux pour colmater les fissures des murs et du papier journal pour isoler le plafond. Il y faisait froid l'hiver, humide au printemps et à l'automne, et aussi chaud que dans une étuve l'été. Pourtant, elle s'y plaisait, ma fille, il fallait la voir courir après les poules, les canetons et les oies dans notre jardin. Au moment des récoltes, nous ramassions ensemble les fruits et les légumes du potager, elle les portait dans un grand panier, s'amusant à distribuer des fleurs aux voisins sur son passage. Les villageois l'adoraient, ils l'avaient surnommée « Mille fleurs », ça lui allait bien. Et puis il y a eu ce jour maudit.

Un samedi.

Je m'étais attardé au champ plus que d'habitude, sur le chemin du retour j'avais été surpris de ne pas être accueilli par ma fille. Elle a dû se lasser et a rejoint sa mère pour préparer le repas, rien de plus, ai-je conclu. L'attroupement devant notre maison me fit hâter le pas. Je boutonnai soigneusement ma chemise, redressai le chapeau sur ma tête et frottai mes mains rouges de terre sur mes cuisses. C'est peut-être la visite d'un inspecteur du comité départemental, accueillons-le comme il le mérite. Arrivé dans ma cour, j'ai demandé que l'on m'explique, pourquoi tout ce monde, je me faufilais entre mes voisins, les saluant au passage. Ils ne me répondaient pas, se contentant de me tapoter dans le dos ou de murmurer des formules empreintes de commisération. Ils me regardaient avec cet air de pitié que l'on prend en présence d'un être touché par le malheur. Je refusai leur pitié, gardez-la pour vous, ne me dites rien, vous avez tort, je courais à présent, suffoquant, je sentais une main glacée se refermer sur ma gorge, celle de la destinée, celle de mon malheur, elle serrait si fort que je manquai de perdre connaissance. J'ai poussé violemment la porte d'entrée. Que se passe-t-il ? Je n'ai pas eu à formuler cette question, la réponse s'étalait devant moi, sur notre lit, ma fille gisait, les yeux mi-clos, secouée de fièvre, sa délicieuse petite tête n'était déjà plus qu'un crâne tendu de peau jaunie. Sa mère lui caressait les cheveux, lui répétant que tout rentrerait dans l'ordre. Un médecin, qu'on cherche un médecin, je me tournai vers mes amis, qu'ils aillent au diable ces incapables, pourquoi restaient-ils ici à ne rien faire, ils devraient déjà être partis pour prévenir le service de santé du dispensaire, j'en attrapai un, le secouai, mais agis bon sang ! « Le docteur est venu, il lui a donné deux comprimés contre la douleur », c'était ma femme qui me parlait, si calme, à peine surprise de cette nouvelle épreuve. Je me suis approché d'elles, ma fille a ouvert la bouche mais n'a réussi qu'à grimacer atrocement, elle va mourir si je ne fais rien, je le savais, j'avais suffisamment accompagné de bagnards dans les derniers instants de leur maladie pour reconnaître la mort quand elle se profile.

« Autorise-moi à quitter le village. Donne-moi la permission, je t'en conjure. » Le chef du village, le conducteur de tracteur Xiao, a entendu ma détresse. Il n'a pas hésité un instant, il a réquisitionné une voiture et nous a déposés à la gare. La police a tenté de s'interposer, disposions-nous des autorisations pour nous rendre en ville ? Xiao s'est chargé d'eux et il m'a dit : « File à l'hôpital provincial, sauve la petite, le reste, j'en fais mon affaire. » Le trajet entre Wangha et Harbin durait une heure, je savais que c'était trop, je priais, je suppliais Dieu, les dieux, tous, n'importe lesquels, mon enfant, ne me la prenez pas, si quelqu'un doit être puni, c'est moi, pas elle, je confesse mes péchés, je me prosterne à vos pieds, soyez bons, pour une fois dans ma vie, soyez bons. À la gare de Harbin, les services de sécurité m'ont fourni un vélo, ce brave Xiao avait fait le nécessaire pour que l'on prenne soin de nous. J'ai installé mon enfant sur le cadre, l'ai serrée le plus fort possible pour l'empêcher de tomber et j'ai pédalé à m'en déchirer les mollets. Elle ne parlait pas, je la sentais apaisée, elle s'abandonnait totalement contre moi, relâchée, en confiance, elle m'écoutait, les yeux fixes mais le regard vide, ses cheveux fouettaient gentiment mes joues, je ne cessais de lui répéter que ça irait, qu'on prendrait soin d'elle, des docteurs, les meilleurs de la région, que je ne la quitterais plus jamais, tant pis pour ses études, elle s'installerait avec nous, son père et sa mère. Je transpirais à grosses gouttes à force d'effort, mes mains se crispaient sur le guidon jusqu'à en devenir blanches, j'avais beau faire, je n'allais pas assez vite, dépêche-toi imbécile, tu n'es qu'un incapable, un misérable. Je me détestais, ô combien je me détestais.

À l'hôpital, ils me l'ont arrachée. En me voyant courir avec elle dans les bras, ils avaient vite compris. « Laissez-la-nous, on s'en occupe », m'ont-ils répété à plusieurs reprises. J'ai eu du mal à m'en séparer. Je m'agrippais à elle, persuadé que je ne la reverrais plus. Je devais ressembler à un fou, je perdais le contrôle, ils s'agitaient autour de moi, me parlaient mais je ne les entendais plus vraiment, je répétais sans cesse qu'il fallait aller vite, ma petite, aller vite.

Le médecin s'est assis en face de moi. J'avais pris place sur une chaise en bois dans un couloir aux murs recouverts d'une jolie peinture couleur coquille d'œuf. Des infirmières s'activaient, ne me prêtant aucune attention. Une demi-heure s'était écoulée. Il était jeune, avec des cheveux coupés très court, un docteur à peine sorti d'école, en ai-je déduit. A-t-il eu l'air désolé quand il m'a annoncé son décès ? Je ne sais plus. Moi, j'aurais été effondré à sa place, prévenir un père que son enfant, une si belle adolescente, avait succombé à une méningite foudroyante, quelle terrible charge. Il répétait ce mot foudroyant, me l'expliquait, ça voulait dire rapide, instantané, quasi instantané. Je n'avais rien à me reprocher, estimait-il, personne n'aurait pu la sauver. D'ailleurs, elle était déjà morte à mon arrivée. Sans doute l'était-elle dans le train aussi. Je ne l'ai pas cru, elle vivait quand je pédalais, je lui parlais, elle me regardait, je sentais son regard, son amour, elle vivait encore, elle s'accrochait, elle ne voulait pas me décevoir, elle n'aurait jamais fait cela. Le docteur m'a serré la main, m'a souhaité bonne chance et s'est empressé de me laisser avec mon chagrin.

Je ne lui en ai pas voulu de me fuir.

Je l'ai même envié.

Annexe N1

Discours du maréchal Lin Biao, en présence de Mao, devant les Gardes rouges.
Pékin. Place Tian'anmen.
18 août 1966.

« La grande Révolution culturelle prolétarienne est lancée. Nous soutenons fermement votre esprit révolutionnaire prolétarien débordant d'audace pour renverser, pour agir, pour faire la révolution et pour s'élever dans la rébellion… Annihilez les pensées bourgeoises, réformez l'esprit des hommes, consolidez le socialisme… Tous les potentats capitalistes seront rejetés, abattus comme des bêtes nuisibles. »

Annexe N2

Slogan des Gardes rouges, 1966.

« Si le père est un héros, son fils sera un homme bien. Si le père est un réactionnaire, le fils sera un salaud. Voilà comment les choses fonctionnent. »

17.

Enregistrement Wang Tifu, cassette nº 17, mars 2001

Plus rien ne pourrait m'atteindre. Plus de douleur, plus de déception, plus de joie non plus. Je laissai cela à d'autres. J'abandonnai le monde des vivants et leur lutte permanente pour s'extraire de leurs conditions misérables ou pour conserver leurs privilèges, j'acceptai ma damnation. On ne me fera pas souffrir davantage. Je le refusais. C'est à cet instant qu'est advenue la Révolution culturelle.

Le tabouret ne possédait plus que trois pieds d'un bois de mauvaise qualité bouffé d'insectes xylophages. Deux de ces pieds menaçaient de céder à tout moment. Certainement à cause des vers, mais pas seulement, l'humidité aussi, celle de l'étable à laquelle ce tabouret avait été assigné. Assigné à une tâche précise, en l'occurrence l'accueil du cul du gars chargé de la traite des vaches. Le Comité révolutionnaire du village en avait décidé ainsi. De manière officielle. En séance plénière. D'ailleurs, le Comité décidait de tout pour tous et attribuait des tâches aux animaux, aux objets et bien sûr aux prisonniers, non pas prisonniers, disons sujets ou éléments, résidents à la limite, proscrits, oui, c'est mieux. Donc ce tabouret, quiconque en détournerait l'usage aurait à en rendre compte. Sauf que les règles venaient de changer. Dans la précipitation, dans la violence et dans l'effroi. Ce n'était pas pour rien que Pékin avait qualifié ce nouveau virage de « tempête de janvier ». L'année 1967 serait celle de la remise au pas des « droitistes », ces mauvais citoyens si prompts à saper la marche en avant du peuple. Ils travestissaient la pensée du Grand Chef, du Grand Éducateur, du Grand Commandeur suprême et du Grand Timonier, le vénéré Mao. Il fallait que cela cesse.

La tempête avait débuté à Shanghai, le poumon industriel national. Mao jubilait. Le mouvement qu'il avait lancé six mois auparavant, en 1966, cette fameuse Révolution culturelle, se propageait dans tout le pays aussi vite qu'un feu de forêt en plein été. À Shanghai, un million de rebelles avaient renversé la municipalité et formé une Commune comme à Paris en 1871. Ce succès donna des idées à d'autres. Plusieurs grandes villes furent prises d'assaut par des excités. On les appelait les Gardes rouges. Des garçons et des filles à peine sortis de l'adolescence, certains étaient encore des collégiens. La capitale de ma région, Harbin, n'a pas échappé à cette folie. Ni le camp de Wangha où je résidais.

Quand ces Gardes rouges ont réuni notre petite communauté, le mois de janvier touchait presque à sa fin. Nous venions juste de passer la journée en forêt à abattre des arbres. Il faisait nuit depuis longtemps. Le local du Comité révolutionnaire peinait à contenir la cinquantaine d'adultes de notre camp. L'ordre du jour leur fut brièvement présenté : un procès, une séance d'autocritique, une purge collective. Instinctivement, ils se sont affolés. Des femmes ont commencé à sangloter en se tordant les mains, beaucoup baissaient déjà la tête dans une attitude où le fatalisme se mêlait à l'épuisement. Le chef des Gardes rouges a pris la parole. « Dénoncez ! Dénoncez ! » hurlait-il. « Nous devons nous protéger des contre-révolutionnaires, faire front contre la clique droitiste, ces bourgeois conservateurs dont la Chine communiste ne parvient pas à se défaire. » Pour commencer, il y eut des chuchotements, des regards inquiets, puis on entendit des noms, un pour commencer puis un autre et encore et encore. On se dénonçait mutuellement, désignant du doigt cette paysanne ou cet homme avec qui on avait pourtant partagé la dernière corvée. Le ton montait, des bras attrapaient ceux qui tentaient de s'enfuir. Une petite unité de l'Armée populaire de libération, des soldats en treillis dont un lieutenant, observait ce déchaînement de violence avec circonspection. Aucun n'interviendrait. Ils n'en avaient pas le pouvoir. Plus le pouvoir. Finalement, quatre d'entre nous furent choisis et sommés de se soumettre au verdict du tribunal populaire.

Donc le tabouret. Il manquait un tabouret. Deux Gardes rouges avaient longuement cherché dans le village le pire des sièges. En vain. Il leur fallait le plus inconfortable, le plus fragile. Un jeune paysan, il ne devait pas avoir quinze ans, s'est souvenu qu'il y en avait un, usé, élimé, fatigué et surtout instable, dans l'étable. Pouvait-il aller le chercher ? En avait-il le droit ? On lui dit que oui. Les vaches attendront. Leurs pis n'auront pas le temps de gonfler, surtout en plein hiver par des températures qui frôlent les vingt degrés en dessous de zéro. La foule encourageait le gamin et criait à s'en rompre les cordes vocales, « le tabouret de l'étable ! », « le tabouret de l'étable ! ». Quelques minutes plus tard, il revenait sous les applaudissements, le brandissant comme un trophée. Sur une estrade improvisée, deux tables réunies l'une contre l'autre dans le sens de la longueur et alignées contre un mur, un homme aux cheveux précocement blanchis observait la scène. C'était moi. Il m'était impossible de voir leurs visages puisque je n'avais pas le droit de relever la tête. Je ne distinguais que les jambes de la foule. Pourtant je reconnaissais chacun. Je me tenais debout sur l'une de ces tables, figé dans une position de salut respectueux comme le font si bien les Japonais, le buste incliné vers l'avant à quarante-cinq degrés, le front parallèle au sol. Sauf que je gardais ce salut immobile depuis de longues minutes. Le jeune paysan s'est approché de moi en secouant le tabouret en guise de menace. Il criait, crachait, riait en même temps. À ses côtés, les soldats ont sorti leurs armes.

Le supplice ne manquait pas d'une certaine sophistication même si, à première vue, il pouvait sembler inoffensif. Le coupable, non, coupable ne convient pas, appelons-le l'accusé, l'accusé, donc, devait rester debout sur une chaise, pliante si possible, ou sur un tabouret – le plus important étant que l'objet soit instable – et s'incliner en signe de soumission et de contrition. Le tout sans tomber. Garder une telle posture pendant des heures, une séance de critiques publiques pouvait durer une journée entière, réclamait des capacités physiques hors du commun, ce dont étaient largement dépourvus les accusés du jour. Je ne me leurrais pas, ils allaient tenter de m'anéantir. Je le redoutais mais l'acceptai avec résignation. À mes côtés, deux autres hommes et une femme avaient déjà pris place sur autant de chaises pliantes. Leurs pieds se mouvaient en permanence par petites touches comme pour marquer la cadence d'une musique imaginaire. Trop près du dossier, la chaise ne manquerait pas de se refermer comme une tapette à souris, trop près du bord, c'était la chute assurée. Mon tour arrivait. Je refusai que l'on m'aide. Je suis parfaitement capable de monter seul sur ce fichu tabouret. Je me répétais mentalement la promesse illusoire que, puisque je n'avais rien à me reprocher, cette folie cesserait vite. Ce gosse, je le connaissais. Ces heures passées ensemble, le soir… Il voulait parler anglais, oui l'anglais, la langue des capitalistes mais aussi celle du monde extérieur, de l'Europe, des États-Unis, d'un autre monde, cette langue que je maîtrise suffisamment pour l'enseigner. « Maître Wang, apprenez-moi la langue des étrangers, apprenez-moi l'anglais, vous qui savez tant de choses, vous le voyageur d'au-delà des mers et des montagnes, maître Wang, partagez votre savoir. » C'était avant. Avant cette Révolution culturelle. J'ai levé les yeux vers mon élève. Les verbes irréguliers, s'en souvenait-il ? Et ces descriptions des cours royales européennes, il aimait les entendre, lui le péquenot, le petit merdeux, le bouseux de ce trou du cul fangeux de l'Extrême-Nord chinois.

Quelle honte ! Le gamin n'en revenait pas. Le bourgeois Wang Tifu avait osé le regarder ?! L'un des Gardes rouges, le plus jeune des deux, bondit sur l'estrade pour me gifler. « Ne bouge pas si tu tiens à la vie ! On va t'apprendre la discipline ici ! » Il n'avait pas terminé sa phrase que des assistants apportaient une cuvette remplie d'encre, quatre pancartes en bois et autant de bonnets d'âne en papier. C'était la procédure réglementaire pour toute séance de critiques. Les accusés devaient porter autour du cou une lourde pancarte sur laquelle on avait écrit leur nom avant de le barrer d'une croix. Comme pour effacer leur existence, la nier. On les coiffait également d'un chapeau conique d'un mètre de haut sur lequel on pouvait lire la liste de leurs crimes. Ensuite, on leur maculait le visage d'une encre malodorante. Mais rien ne se passa comme prévu. La femme ne tarda pas à choir lourdement sur le sol en ciment. Ses jambes épuisées avaient fini par céder. Sous le choc, les lèvres éclatèrent comme un fruit trop mûr, répandant sur ses dents et son menton une morve teintée de sang. L'un des paysans la releva sans ménagement et lui ordonna de reprendre sa position. Juste à sa droite, un autre accusé, un homme à l'impressionnante chevelure, se tortillait en gémissant. Le bonnet d'âne refusait de tenir sur sa tête, l'ouverture du cône était trop petite, trop étroite. Le papier commençait déjà à se déchirer. Un Garde rouge eut alors une idée. Il réclama une paire de ciseaux et se mit à couper sauvagement sa tignasse. Le public, comme devant un numéro de cirque, riait, s'excitait le poing droit levé : « Une coupe Yin Yang ! Une coupe Yin Yang ! » Il s'agissait d'un châtiment très populaire à l'époque, il consistait à raser la moitié de la tête pour humilier l'individu. Une jeune femme aux lunettes rondes fendit la foule avec une tondeuse pour mouton. Le brassard rouge à son bras indiquait son statut de membre de la Révolution culturelle. Elle lui pela le crâne. Mais la tondeuse se bloqua. De rage, elle continua son labeur à la main, arrachant des touffes qu'elle glissait dans la chemise du supplicié.

Moi, je tremblais. Je ne savais plus si c'était à cause de l'instabilité du tabouret ou de l'angoisse. Le jeune paysan s'approcha. Il tenait la bassine d'encre. Il m'ordonna de me redresser, d'y plonger les mains et de me maculer le visage. Je m'exécutai et me recouvris les joues du liquide sombre. Mais ce n'était pas assez pour le Garde qui nous surveillait. Il arracha la cuvette et me la renversa sur la tête. L'encre ruisselait le long de mon cou, s'infiltrait sous mes vêtements jusque dans mon pantalon avant de se répandre sur le sol. La scène tournait à la farce. Pourtant aucun adulte présent dans la salle n'a osé s'interposer. Face à eux, il y avait seulement cinq adolescents, cinq petits dictateurs, à qui le parti avait, avec complaisance, offert les pleins pouvoirs pour détruire l'ordre établi.

« La rébellion est légitime ! » martelait la propagande d'État. Ces gosses répétaient à ceux qui s'effrayaient d'une telle violence : « Suivons les consignes du président Mao et menons la Révolution culturelle prolétarienne dans tout le pays. » Mon élève aurait fait n'importe quoi pour devenir lui-même un Garde rouge. Il rêvait de participer au grand chambardement, écraser les anciens, les maltraiter, les piétiner. Pourtant, je sentais qu'il ne parvenait pas à détacher son regard, il me contemplait, assailli de remords, comme stupéfié par sa propre cruauté. Il s'est alors approché, juste assez pour s'assurer que tout cela était bien réel. « Petit, sauve-moi », ai-je imploré faiblement.

Ému jusqu'aux larmes, le gamin se tourna vers les Gardes rouges, nous avaient-ils surpris, m'avaient-ils entendu ? Il savait ce qui l'attendait s'il commettait la moindre erreur. Il n'eut pas le temps d'agir que déjà le lieutenant l'attrapa par l'épaule. C'était un homme au regard dur avec une large cicatrice sur le front, un éclat d'obus, racontait-on, pendant les combats contre les Américains en Corée. « As-tu quelque chose à déclarer au sujet de cet homme ? » lui demanda-t-il en me désignant. « Sauve-moi, sauve-moi, sauve-moi… » Les mots résonnaient sûrement encore dans sa petite tête. Il regarda l'officier puis l'assistance et monta sur la table pour se placer à côté de moi. Le vacarme cessa. Seuls les sanglots de la femme aux lèvres tuméfiées rappelaient le tragique de l'instant. Soudain, une voix s'éleva du fond de la pièce. « Wang, espion ! » Puis une autre, vers la droite : « Traître ! » Et une autre devant : « Impérialiste ! »

La foule avançait à mesure que la parole se libérait. Bientôt, ces braves gens allaient monter sur l'estrade au risque de faire tomber les quatre accusés. C'en était trop pour mon élève. Il gonfla sa poitrine et m'attrapa par la manche. « Attendez ! Attendez ! ordonna-t-il, ne bougez plus ! »

Je fus parcouru d'un frisson. Ces heures passées à lui enseigner la subtilité de l'anglais, ce soin dans la prononciation, cette patiente bienveillance, ce talent, oui il faut du talent pour transmettre le savoir, j'ai toujours su au plus profond de mon âme que j'en serais récompensé. L'intelligence paie toujours. Je sentais la chaleur de sa main à travers ma tunique humide. Cette main ferme et rustique de garçon des champs, elle m'agrippait le biceps avec une telle vigueur, comme on le fait pour sauver un homme de la noyade. Mon calvaire prenait fin. Forcément. « Laissez-moi…, reprit le gamin en hurlant en direction de la foule. Laissez-moi dénoncer ce démon impérialiste ! »

Il était plus de deux heures du matin lorsque la séance se termina. La petite communauté de Wangha a été invitée à évacuer la salle. Les Gardes rouges étaient déjà partis, épuisés d'avoir tant crié. Ne restaient plus que le lieutenant et ses hommes. Ils entouraient les accusés. La femme gisait sous une table, prostrée en position fœtale, les vêtements en partie arrachés et les cheveux brûlés par de l'eau bouillante. Quand un soldat lui a ordonné de se relever, elle a obéi sans rechigner. Lentement, prenant appui sur un genou, elle s'est redressée, a essuyé son visage avec sa veste puis, la pancarte pendant autour du cou, a marmonné avec dignité ce qu'elle n'avait jamais cessé de répéter pendant toute la soirée : « Je n'ai commis aucune faute. » À ses côtés, les autres accusés, les deux hommes, restaient immobiles, hébétés. Moi, je rampais parmi la crasse et la poussière, mon long bonnet d'âne sur la tête. Pour que je ne le perde pas, on me l'avait solidement accroché autour de la mâchoire avec une ficelle tellement rêche qu'elle m'avait irrité le menton jusqu'au sang. Du bout du pied, le lieutenant m'a arrêté. Il s'est accroupi et m'a scruté comme on le ferait avec un insecte étrange. Il a vérifié autour de lui qu'il ne restait plus que ses hommes dans la pièce, puis il a sorti le large couteau qu'il portait à la ceinture dans un étui de mauvais cuir. Il s'est approché de ma gorge. Je ne bougeais plus, je n'espérais plus. La peur glissait sur moi comme la pluie sur un toit d'ardoises. La ficelle du chapeau ne résista pas. « Tu es libre. Rentre chez toi, maintenant. » Sa voix presque douce m'écrasa sous une émotion incontrôlable. Je fondis en larmes. Je relevai la tête vers le militaire. Tout ce que je trouvai à lui dire ce fut : « Longue vie au président Mao ! Vive la Révolution culturelle ! »

— Oui, c'est ça. Longue vie à Mao, répondit le lieutenant.

— Je le pense, insistai-je, les mains jointes pour le supplier de m'épargner. Je me repens de mes péchés, je suis un scélérat, un « droitiste », mais je peux devenir un bon communiste, crois-moi…

— On verra… De toute façon, ce n'est pas à moi d'en juger. Lève-toi et disparais. Je veux aller dormir.

— Je me lève, je me lève. Tu as raison, je suis indigne et je fatigue le noble patriote que tu es, je…

— Mais tais-toi, bon sang ! Et n'oublie pas, demain à six heures du matin, avec les trois autres, ton circuit de pénitence. Tu as compris ?

— Pénitence ?! Oui, oui, bien sûr, je me repens, je me repens…

— Vous prendrez chacun une grande casserole et vous la frapperez avec un bâton. Fort, vous la frapperez fort ! Tout le village doit vous entendre.

— Fort, oui, très fort. Compris, officier.

— Tiens, voici l'itinéraire. Je l'ai dessiné sur cette feuille. Si vous marchez vite, vous aurez terminé en moins d'une heure. Mais pas de blague, hein ?! Mes hommes seront là pour s'assurer que vous respectiez les ordres. Vous devrez signer des formulaires à chaque point de contrôle et portez bien vos pancartes autour du cou. Maintenant, dégagez ! Tous !

Sans dire un mot, mes deux compagnons d'infortune ont quitté la pièce, tenant dans leurs bras les bonnets d'âne afin de pouvoir franchir la porte. La femme les a suivis en répétant à voix basse qu'elle n'avait rien fait. Le lieutenant me regardait m'éloigner le pas traînant. Je sentais que je le dégoûtais.

— Toi ! Attends !

Je me suis raidi, mon corps voulait se détacher de ma chemise dans un inutile réflexe de survie.

— C'est vrai ce qui a été dit ce soir ? Tu l'as réellement rencontré ?

Je voulais disparaître, creuser un trou dans la glèbe gelée et m'y enfoncer jusqu'à l'oubli. L'oubli de tous, des hommes, du parti, du monde.

Le lieutenant m'a saisi avec autorité, il m'a regardé dans les moindres détails. « Ça ressemble donc à ça un grand diplomate ? Un pauvre type à la peau brûlée par le soleil, tu n'es qu'un misérable cul-terreux, un moins-que-rien. Réponds-moi. Mais ne mens pas, je te tuerai de mes propres mains si tu mens. Tu as réellement rencontré Hitler ? »

La porte menant à l'extérieur était restée ouverte. Dehors, un ciel sans nuages rendait la nuit presque lumineuse. Les étoiles recouvraient les baraquements de grenaille d'or. Je me suis souvenu. Ce froid si familier, comme un vieil ami oublié. Trente-cinq ans plus tôt, un autre lieutenant, un Japonais, tout près d'ici, m'avait aussi menacé de mort. Par une froide nuit d'hiver. C'était dans une autre Chine, un autre monde.

Après la Révolution culturelle, au début des années 1970, le parti n'en avait pas fini avec moi. Le vieux Wang Tifu, ce traître, si on le punissait encore un peu ? Je ris. Excusez-moi, c'est nerveux. J'avais désormais plus de soixante ans, dont vingt-cinq passés à être redressé soit par des communistes soviétiques, soit par des communistes chinois, et pourtant je restais une menace pour la Révolution prolétarienne. À ce titre, je méritais donc le pire. Mon ami Xiao, le conducteur de tracteur inculte, avait pris du galon, directeur du comité local, qu'il était maintenant. Un homme puissant. Il s'est invité dans mon humble demeure et m'a tendu un document. « Voici votre ordre de mutation, vous déménagez ! » a-t-il grondé pour mieux marquer son nouveau statut de personnalité avec laquelle il ne fallait pas plaisanter. « Ne me demandez pas où, je n'ai pas autorité pour vous le dévoiler. » Je le sentais mal à l'aise, mon pauvre ami conducteur de tracteur. Qu'ont-ils fait de toi ? Tu as perdu cette candeur des premiers mois, à mon arrivée dans ton village. Je te plains, directeur Xiao. « Veux-tu un verre de thé ? » lui ai-je proposé. Il a regardé sa montre, un cadeau du parti, s'est gratté le front et a repris sur le même ton officiel : « Wang Tifu, je ne suis pas maître de mon temps, le parti a besoin de moi, ne tentez pas de me soustraire à mes obligations. » J'ai incliné la tête et me suis excusé. Avant de sortir, il ajouta sur le ton de la confidence : « Ne tarde pas à préparer tes affaires, tu pars avec ta femme dans dix jours. » Dix jours ?!! J'ai explosé.

— Mais la maison ?... On en fait quoi ? Comment veux-tu que je la vende en seulement dix jours ?

— Nous avons pensé à tout – il avait repris sa voix officielle –, si vous voulez bien lire le formulaire que je vous ai remis, camarade Wang, il est indiqué que nous pouvons nous occuper personnellement de l'achat de votre bien.

— Je vois. Et combien m'en donneras-tu ?

— Trois cents yuans. C'est un bon prix.

— Je l'ai payée plus du double il y a dix ans ! Je l'ai reconstruite, tu m'y as aidé. Elle vaut plus que cela, tu le sais.

— Vous raisonnez en capitaliste.

— Tu vendrais tes cochons à moitié prix ?
— Cela n'a rien à voir.
— Si, au contraire.
— Vous avez dix jours pour vous décider. Après, ce sera trop tard.
Puis il est parti.

Les dix jours ont passé. Bien entendu, personne n'a voulu de notre maison. Qui aurait osé s'opposer au directeur Xiao et acheter un bien qu'il s'apprêtait à récupérer à bon prix ? Il est revenu nous voir. J'ai signé. Il m'a versé la somme. Enfin, pas toute la somme. Sur les trois cents yuans promis, je ne reçus que la moitié, le restant me serait versé après les récoltes, à l'automne. « Je serai parti, arguai-je. Vers une destination secrète, comment feras-tu pour m'envoyer l'argent ? » Ma femme attrapa un couteau de cuisine, Xiao recula d'un bond, il poussa un cri ridicule. Mais ce n'était pas après lui qu'elle en avait. Elle se dirigea dans notre cour et tua un à un nos animaux, les poulets, les canards, elle les attrapait et leur tranchait la gorge sans aucune pitié. Puisqu'on ne pouvait emmener nos bêtes, elle refusait que d'autres en profitent.

Ce nouvel exil dans un village encore plus reculé ne dura que huit ans. En 1978, nous avons été autorisés à revenir à Harbin. Notre odyssée prenait fin. Quelques mois plus tard, j'eus le droit de devenir un élément officiel de la Révolution populaire nationale, un membre du parti. Je parvins même à trouver un poste auprès du bureau du conseiller provincial du Heilongjiang.

Un honneur ! Après ma journée de travail, je proposais mon aide aux étudiants de Harbin, je leur enseignais les langues étrangères, gratuitement, bien sûr. Surtout l'anglais. Mais cela ne suffisait pas encore. Les autorités municipales ont estimé que je pouvais, que je devais faire plus pour la communauté. Alors elles m'ont désigné *Da Geng Ren*. Comment pourrais-je traduire cela ? Le « gardien qui sonne ». Disons que je veillais sur le sommeil des habitants de mon quartier. Une tâche ô combien valorisante et d'une importance considérable. Chaque nuit, je sortais dans les rues du voisinage et j'annonçais l'heure en frappant un gong. Je répétais cette opération toutes les deux heures entre dix-neuf heures et trois heures du matin. Je sortais donc cinq fois. Cela permettait aux braves citoyens de savoir l'heure qu'il était et surtout que la paix régnait sur la ville. J'ai tenu ce rôle de gardien pendant dix ans. J'avais déjà soixante-dix-sept ans quand le parti m'a accordé un peu de repos. Il était temps pour moi de songer à une vie plus calme.

Depuis, je dois reconnaître que je n'ai plus jamais été inquiété par nos chers dirigeants.

Aujourd'hui, je m'apprête à fêter mes quatre-vingt-dix ans, je me sens apaisé, enfin, presque. Je souhaite une seule chose, pas pour moi, je la souhaite pour mes enfants et les enfants de mes enfants. Serait-il possible que mon nom cesse de porter les stigmates de la trahison, que l'on se souvienne de moi comme d'un homme qui a tenté du plus profond de son âme d'agir avec honnêteté ? N'oubliez pas que j'ai sauvé des Juifs. Faites-le savoir autour de vous. Je n'ai pas eu de réponse de l'ambassade d'Israël à Pékin, mais qui sait, un jour ils viendront, on pourra se parler. Je les attends.

Dites-leur bien que je les attends, depuis si longtemps…

Harbin, nord de la Chine
30 juillet 2001

Il n'a manqué que dix-sept jours.

L'ambassadeur d'Israël est reparti. Avec sa belle voiture, son chauffeur, son équipe.

Comment a-t-il réagi, ce grand diplomate ? Peut-être ne parvenait-il toujours pas à y croire ? Tous ces kilomètres, ces heures de transport, ce temps perdu, cette vie perdue… Itzhak Shelef a dû ressentir un énorme gâchis. Ses services auraient dû savoir, mieux se renseigner, le prévenir, c'était la moindre des choses, après tout. Ils avaient des années de retard, toutes ces années à ignorer l'existence de Wang Tifu. Alors que ce vieux Chinois, lui, il ne demandait qu'à témoigner, qu'à s'expliquer, raconter son histoire. Il n'en faisait aucun mystère, de son passé, au contraire, il adorait revenir sur son expérience berlinoise, du temps des nazis, avec Hitler, les bombardements, Frau Langer, sa jeunesse…

Le véhicule de la légation israélienne remontait maintenant les petites rues aux façades monochromes mangées par la suie. Vite, quitter cet endroit, ne plus jamais y revenir, oublier ce jour sombre. L'ambassadeur Shelef arrivait dix-sept jours trop tard !

Wang Tifu avait fini par perdre patience.

Les fleurs sur le perron n'avaient rien présagé de bon. Mais y en avait-il encore ? Itzhak Shelef ne sait plus.

C'est un riverain qui les a informés de la triste nouvelle. Un autre l'a confirmée. Puis un troisième.

Le vieux Wang Tifu ? Il est mort. Tout récemment. Le 13 juillet, il y a dix-sept jours. Il avait fêté ses quatre-vingt-dix ans le mois précédent. Les voisins se perdaient dans les détails, prétendaient le connaître, ils savaient qu'il avait déjeuné avec Hitler, pendant la guerre, celle en Europe, et qu'il avait eu un long entretien avec lui, il se peut même qu'il ait été le seul Chinois à l'avoir fait, discuter avec Hitler. L'histoire avec les Juifs ?! C'est vrai que Wang en parlait souvent, mais bon, il est mort à présent, alors vous savez, tout ça, qui peut jurer que cela a bien eu lieu ?

Après tout, peut-on croire un traître comme lui ?

Épilogue

Quelques mois après son voyage en Mandchourie, Itzhak Shelef cédera son poste d'ambassadeur en Chine et emportera avec lui le souvenir de Wang Tifu. L'enquête sur l'action du Mandchou en faveur des Juifs d'Allemagne n'aboutira jamais, les archives chinoises refusant de déclassifier son dossier. Même mort, Pékin estime qu'il doit continuer de payer pour sa collaboration avec les Japonais.

Aujourd'hui, Wang Tifu n'est pas oublié. Pas totalement. Il suffit de taper son nom sur Internet, en langue chinoise et même en anglais, pour trouver des informations. Celles-ci manquent de précision, reprennent souvent les mêmes sources et les mêmes erreurs. Les réactions des internautes et des journalistes chinois prouvent que le débat à son sujet reste vif. Pour la plupart, il a été un traître et ne mérite aucune clémence. De plus d'un demi-siècle de vie passé entre les mains des pires régimes de l'histoire contemporaine, ses concitoyens ne gardent de lui qu'une chose : son choix de collaborer avec les Japonais.

Il n'est peut-être pas trop tard pour y remédier.

Sources et bibliographie

Pour connaître la vie de Wang Tifu, j'ai pu consulter ses *Mémoires* publiés en 1988 en langue chinoise par le Comité provincial de la littérature et de l'histoire du Heilongjiang (*Souvenirs du « diplomate marionnette » mandchou*). Un texte validé par la censure et donc sujet à caution.

D'autres sources biographiques en chinois existent. Notamment deux livres publiés quelques semaines après sa mort par des éditeurs du nord du pays, dans cette région qui fut la Mandchourie. Le premier de ces textes, signé Yang Mingsheng, date de septembre 2001 (*Le « Diplomate marionnette » mandchou qui a vu Hitler et a sauvé des Juifs*). Il reprend en grande partie les informations des *Mémoires* et y ajoute des précisions recueillies directement auprès du vieux diplomate. Le second texte est beaucoup plus riche. Son titre peut être traduit par : *La Confession d'un pseudo-diplomate mandchou.* Il été écrit par une journaliste locale, Chen Ming, qui a rencontré et interviewé plusieurs fois Wang Tifu en 2000. Et il a été publié en octobre 2001.

Comme le précise chacun des titres de ces trois ouvrages, Wang Tifu est systématiquement qualifié de «marionnette» ou de «pseudo-diplomate». Ces termes volontairement péjoratifs ne laissent planer aucun doute sur le manque d'objectivité des auteurs. Néanmoins, grâce à ces textes et aux nombreux articles de presse publiés dans les années 1980-1990, j'ai pu recouper des informations et comparer les versions sur des événements précis, notamment l'épisode de l'octroi de visas à des Juifs.

Mon enquête m'a mené à Moscou, jusque dans les Archives militaires de la fédération de Russie. J'y ai retrouvé notamment le dossier de la justice militaire du prisonnier Wang Tifu. Ce dossier n'avait jamais été consulté depuis 1956, date de sa libération des camps du Goulag. À ce jour, il n'est toujours pas déclassifié. Je n'ai pas eu l'autorisation d'en faire des copies mais j'ai pu le consulter. Grâce à ce document rare, j'ai pu relater avec précision les dix années d'emprisonnement de Wang Tifu dans les différentes colonies pénitentiaires soviétiques de Sibérie et d'Asie centrale. Le registre des invités de la nouvelle chancellerie du Reich conservé dans les mêmes Archives militaires à Moscou m'a également été d'un grand secours. Ce «livre d'or» des grandes cérémonies officielles du corps diplomatique sous le IIIe Reich m'a permis de savoir exactement quand Wang Tifu a pris part aux réceptions majeures du régime hitlérien.

Je me suis également rendu aux archives politiques du ministère fédéral des Affaires étrangères allemandes, à Berlin. J'y ai trouvé des documents sur la présence du diplomate Wang Tifu à Berlin de 1938 à 1944.

D'autres sources m'ont offert la matière nécessaire pour alimenter la trame narratrice de ce récit. En voici une liste non exhaustive.

– Archives militaires de la fédération de Russie (RGVA) à Moscou.

– Archives politiques du ministère fédéral des Affaires étrangères allemandes, Berlin.

– Archives de Yad Vashem.

– Berezhkov Valentin, *History in the Making, Memoirs of World War II Diplomacy*, Moscou, Progress Publishers, 1983.

– Berezhkov Valentin, *Как я стал переводчиком Сталина* (*Comment je suis devenu traducteur de Staline*), Moscou, DEM, 1992.

– Chen Ming, 一个伪满外交官的人生告白 (*La Confession d'un pseudo-diplomate mandchou*), Shenyang, Maison d'édition de littérature et d'art de Chunfeng, 2001.

– Dähler Richard, « The Japanese Prisoners of War in Siberia, 1945-1956 », *Internationales Asienforum*, vol. 34, n° 3-4, Fribourg, Arnold Bergstraesser Institut, 2003, p. 285-302.

– Feng Zejun, 伪满最后一位 外交官王替夫沉浮录 (« L'Ascension et la chute de Wang Tifu, le dernier diplomate du Mandchoukouo »), *Mémoires et Archives* (档案春秋), vol. 1, 2011, p. 51-54.

– Findahl Theo, *Undergang, Berlin 1939-1945*, Oslo, H. Aschehoug & Co, 1945.

– Frölicher Hans, *Meine Aufgabe in Berlin,* Berne, Büchler, 1962.

– Gerede Hüsrev, *Harb içinde Almanya, 1939-1942*, Istanbul, ABC, 1989.

– Hoffmann Frank, *Berlin Koreans and Pictured Koreans*, Vienne, Praesens Verlag, 2015.

– Li Kunwu, *Ma génération, celle d'une vie chinoise*, Paris, Kana, 2016.

– Li Zhensheng, *Le Petit Livre rouge d'un photographe chinois*, Paris, Phaidon, 2003.

– Lu Xiaoshu, 哈尔滨老人与希特勒共进午餐 (« Le vieil homme de Harbin a déjeuné avec Hitler »), *The Traditional Chinese Fiction* (章回小说), vol. 2, 1997, p. 22-35.

– Lu Xiaoshu, 哈尔滨老人与希特勒副官相遇 (« Le vieil homme de Harbin rencontre l'aide de camp d'Hitler »), *The Traditional Chinese Fiction* (章回小说), vol. 3, 1998, p. 52-61.

– Navarro Francisco, *Alemania por dentro*, Lima, Ediciones Minerva, 1944.

– O'Neill Mark, *Israel and China: From the Tang Dynasty to Silicon Wadi*, Hong Kong, Royal Asiatic Society Hong Kong Studies, 2018.

– Patterson Jefferson, *Diplomatic Duty and Diversion*, Cambridge, The Riverside Press, 1956.

– Prasat Chutin, *๒๒๕ วัน ในคุกรัสเซีย ของ พลตรี พระประศาสน์พิทยายุทธ หนังสืออนุสรณ์ในงานพระราชทานเพลิงศพนางประศาสน์พิทยายุทธ*, (*225 jours dans les prisons russes, du général de division Prasat*), publié à compte d'auteur en 1948.

– Shurtleff William & Aoyagi Akiko, *History of Industrial Uses of Soybeans*, Lafayette, Soyinfo Center, 2017.

– Simoni Léonardo, *Berlin, ambassade d'Italie*, Paris, Robert Laffont, 1947.

– Speer Albert, *Au cœur du Troisième Reich*, Paris, Pluriel, 2010.

– Soljénitsyne Alexandre, *L'Archipel du Goulag*, Paris, Fayard, 2014.

– Tan Dunmin, 鲜为人知的东北"辛德勒" (« Le méconnu "Schindler" du Nord-Est »), *Littérature et Histoire* (文史春秋), vol. 6, 2009, p. 4-9.

– Thorsell Staffan, *I Hans Majestäts tjänst*, Stockholm, Albert Bonniers Förlag, 2009.

– Vassiltchikov Missie, *Journal d'une jeune fille russe à Berlin, 1940-1945*, Paris, Phébus, 2007.

– Wang Tifu, 伪满外交官的回忆 (*Souvenirs du « diplomate marionnette » mandchou*), Harbin, Maison d'édition populaire du Heilongjiang, 1988.

– Weizsäcker Ernst von, *Erinnerungen*, Munich, Paul List, 1950.

– Yang Mingsheng, 见过希特勒与救过犹太人的伪满外交官 (*Le « Diplomate marionnette » mandchou qui a vu Hitler et a sauvé des Juifs*), Harbin, Maison d'édition populaire du Heilongjiang, 2001.

– Zeng Yizhi, 是汉奸还是"辛德勒" (*Est-ce un traître ou « Schindler » ?*), *Quotidien du Heilongjiang*, décembre 2002.

– Zubarev Dmitry, Kuzovkin Gennady, *Хроника восстания в Степлаге* (*Chronique du soulèvement du Steplag*), Moscou, Polit.ru, 2004.

Table des matières

Cet ouvrage a été imprimé en France par
CPI Bussière
Z.I. rue Pelletier Doisy
18200 Saint-Amand-Montrond (France)

pour le compte des Éditions Fayard
en janvier 2022

Photocomposition Belle Page

PAPIER À BASE DE
FIBRES CERTIFIÉES

Fayard s'engage pour
l'environnement en réduisant
l'empreinte carbone de ses livres.
Celle de cet exemplaire est de :
1,200 kg éq. CO_2
Rendez-vous sur
www.fayard-durable.fr

31.2306.7/01 - N° d'impression : 2062436